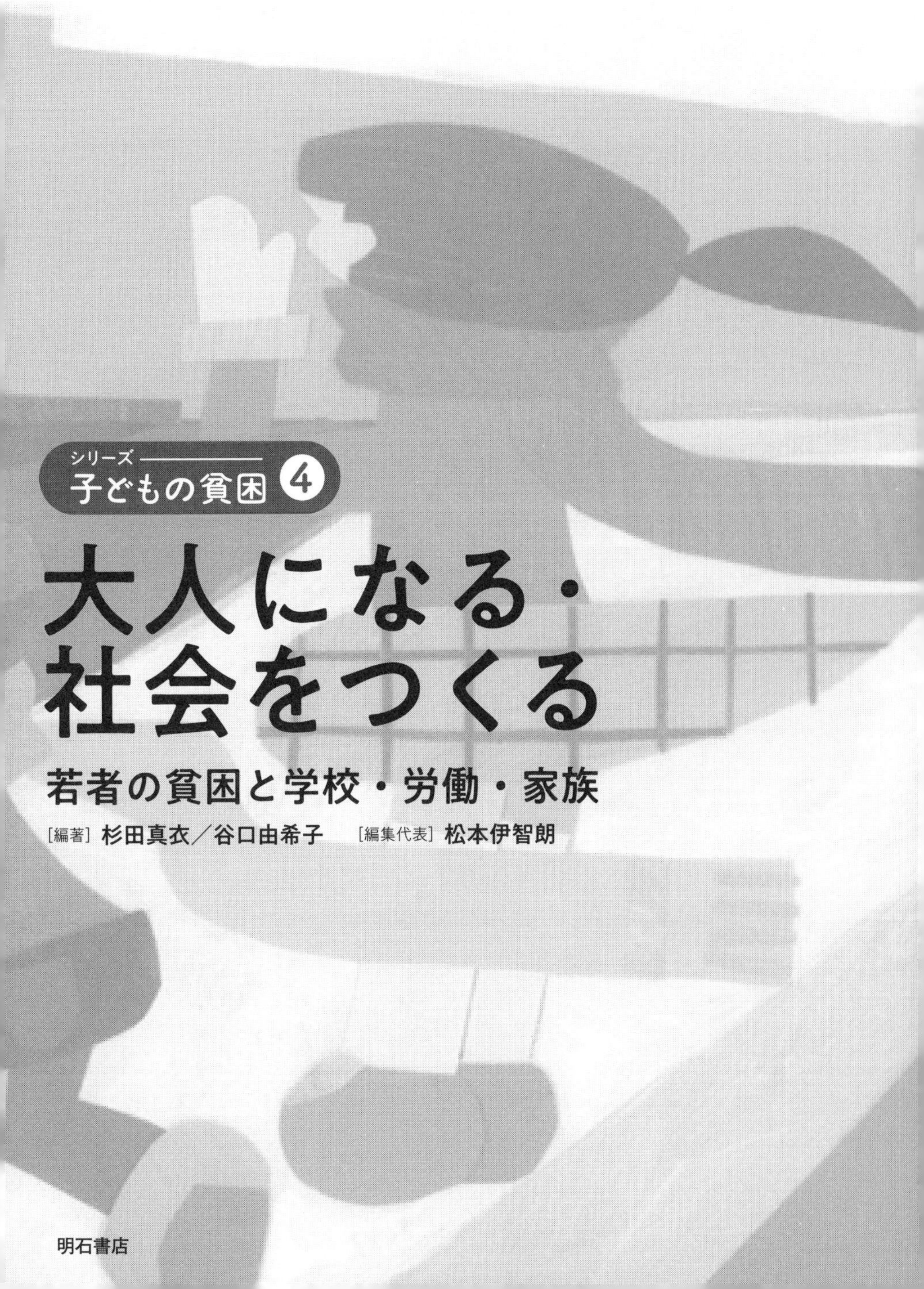

シリーズ 子どもの貧困 4

大人になる・社会をつくる

若者の貧困と学校・労働・家族

[編著] 杉田真衣／谷口由希子　[編集代表] 松本伊智朗

明石書店

シリーズ
子どもの貧困【全５巻】

編集委員（＊本巻担当編集）

松本伊智朗（北海道大学／編集代表）
小西　祐馬（長崎大学）
川田　　学（北海道大学）
佐々木　宏（広島大学）
鳥山まどか（北海道大学）
杉田　真衣（東京都立大学）＊
谷口由希子（名古屋市立大学）＊
山野　良一（沖縄大学）
湯澤　直美（立教大学）

「シリーズ・子どもの貧困」刊行にあたって

「子どもの貧困」が社会問題化して、約10年になる。換言すれば、子どもの貧困問題が再発見されて約10年になる。この間、貧困率・子どもの貧困率の公表、法律の制定などに見られるように政策課題として認識されるようになった。また自治体での調査、計画策定などの動きも広がっている。この問題を主題にした多くの書籍が出版され、社会的関心は確実に高まっている。学習支援や子ども食堂など、市民レベルでの取り組みも多く見られるようになり、支援の経験が蓄積され始めている。

一方で貧困の議論が常にそうであるように、子どもの貧困を論じる際にも、問題を個人主義的に理解し個人・親・家族の責任を強化するような言説、あるいは「子どもの貧困」と「貧困」を切り分け、問題を分断、矮小化する言説が見られる。また政策動向もそうした観点から、批判的に検討される必要がある。

子どもの貧困の再発見から10年の現時点で、なされるべきことのひとつは、「議論の枠組み」を提供すべきことだろう。貧困と不利に関わる個々のエピソードの集合として、この問題が語られるべきではない。特に子どもの貧困は、貧困問題の一部であると同時に、その具体的な姿は「子ども」という社会的区分の特徴と関係して現象する。したがって、貧困研究の枠組みを子ども研究の視点から豊富化する必要がある。あるいは、子ども研究に貧困の視点を組み込んでいく必要がある。

こうした観点を意識した研究は、少ない。この「シリーズ・子どもの貧困」は、この10年の議論の蓄積を踏まえて、子どもの貧困を議論する枠組みを提供する試みである。共有されるべき視点を、以下にあげる。

- 経済的問題から離れない。経済的困窮を基底において貧困を把握する。
- 社会問題としての貧困という観点をとる。個人的問題にしない。
- 貧困問題を分断しない。子どもの貧困は、貧困の理解と対策を広げることばである。
- 反貧困としての「脱市場」と「脱家族」の観点をとる。
- 子ども期の特徴と関係させて構成する。
- 政策と実践を批判的に検討する。
- 全体として、「子どもの貧困を議論する枠組み」を提供する。

各巻の主題と位置づけは、以下の通りである。

第1巻『生まれ、育つ基盤』の主題は、主に貧困とケアの観点から、現在の社会と家族の特徴を描くことである。子どもが生をうけたこの社会は、そもそも生活の安定的基盤が確保されている社会なのか。子育て・ケアの主体として期待されてきた家族という単位は、どのように理解されるべきなのか。これらに関わる議論を通して、子どもの貧困を生み出す構造を把握し、第2巻以降の議論の前提を示したい。

第2巻から第4巻は、子ども期の社会的特徴と関わらせて、子どもの貧困の議論を展開する。このシリーズでは、子ども期の社会的特徴を「育てる／育つこと・遊ぶこと」「学ぶこと」「大人になりゆくこと」に整理し、それぞれ2巻から4巻が対応する。

第2巻『遊び・育ち・経験』では、特に子どもの貧困の議論を構成するうえで「遊び」を位置づける、野心的な試みを行う。子どもの発達にとって、「遊び」は重要な要素である。しかし、子どもの発達の制約を関心事のひとつとしているはずの子どもの貧困の議論において、正面から取り上げられることはほとんどなかった。第2巻ではこの間隙を埋めながら、育つ／育てる営みを総体として理解し、子どもの貧困の議論を豊富化する。

第3巻『教える・学ぶ』では、子どもの貧困への政策的対応で大きな役割を与えられている「教育」について批判的に検討し、同時にその可能性について議論を行う。近代の公教育は、社会的不利の緩和と固定化という両義的な側面をもつが、現下の子どもの貧困対策の文脈では、その点に無自覚な議論が多い。第3巻は、この点を克服する試みでもある。

第4巻『大人になる・社会をつくる』では、「子どもの貧困」と「若者の貧困」のそれぞれの議論の架橋を試みる。単に子ども期の不利が移行を困難にするという点のみならず、今日の若年層が直面する構造的不利が子どもの貧困とどう関係するのか、若者が自己の人生と社会をつくる主体として生きることをどう保障するのか、議論がなされる。

第5巻『支える・つながる』では、政策・実践課題としての子どもの貧困に対する対応策の全体像が、ナショナルミニマムの確保とソーシャルワークの展開という観点から示される。子どもの貧困への対応策の議論は、個別的、事後的対応のみに矮小化される危険をもつが、ここでは全体の枠組みを示したうえで、自治体レベルでの対応の可能性を検討する。

全5巻からなる本シリーズは、約60名の執筆者の共同により成り立っている。各巻の編者で構成された編集委員会で議論を重ね、シリーズの趣旨を執筆者間で共有するための覚書を作成した。この「刊行にあたって」は、その再録である。読者と共に、改めて出発点を確認したい。基盤を共有することが、個々の議論や批判をより生産的にすると考えるからである。

２０１８年10月

シリーズ編集代表　松本　伊智朗

シリーズ 子どもの貧困④

大人になる・社会をつくる——若者の貧困と学校・労働・家族

目次

第II部 子ども期の貧困と「大人になることの困難」のかたち

はじめに

「大人になる」とはどういうことか

子どもは生まれ、育ち、やがて大人になっていく。大人たちはみな、かつては子どもだった。それでは、「大人になる」とはどういうことであろうか。「大人」として生きるとはどういうことであろうか。

子どもが「大人になる」過程においては、育つ環境の中で人と関わり、仲間と出会い、自分の人生を歩んでいくことになる。しかし、現在の社会では子ども・若者が置かれている条件によって構造的に分断されている。子ども自身の生育環境や置かれた条件が「大人になる」ことにも大きく影響しているにもかかわらず、学校や労働・社会保障は「大人になること」の困難を緩和しないばかりか、むしろ困難さを固定化・強化している側面がある。それゆえ、貧困が再生産されている。「シリーズ子どもの貧困」の第4巻では、構造的な不利や不平等を背負った形で「大人になる」子どもや若者たちに焦点を当てている。

昨今の子どもの貧困をめぐる議論では、教育達成と能力の形成において不利な立場に置かれると貧困の再生産へとつながるため、早期に介入するのがよいということが言われている。ただ、こうした議論は家庭教育の重視と親和性が高いため、足もとをすくわれかねない。十分に考慮する必要がある。そもそも早期介入以前に、そもそも若者がまっとうに働くことができず安心して暮らすことのできない社会構造がある中で、そこを問題にしないままでの「貧困の再生産の解決」などあり得るのだろうか。

「大人になる」ことが難しいことには、一つに子どもの家族が貧困や社会的に排除されている等の困難な状況にあるからこそ不利や不平等を背負うこと、もう一つに、家族が貧困にあるゆえにその構成員として働かざるを得ないことという二つの側面がある。子どもや若者が置かれている学校・労働・家族を取り巻く構造にも目を向ける必要があろう。そもそも「大人になる」過程には、それを支える応援団や元手が必要だが、はなから諸条件に足をひっぱられており、学校・労働・家族を基軸として困難さが現れている。何の支えもない中で、いわば「まるはだか」の状態で社会へと放り出され、個人でなんとかするように強いられている子ども・若者たちがいる。さらに、開始の段階から「負債」を抱えさせられているということにも注目する必要がある。そして、そのような中にあっても、子ども・若者は自分の人生をつくっていこうと奮闘しており、主体としてのプロセスを見落としてはならない。

この巻では、「子どもの貧困」を基底として、子どもが大人になることを議論の射程とする。子どもが大人になる過程において、とりわけ不利な状況に置かれた子ども・若者の視点から捉え、その特徴を明らかにすることを試みたい。この際、「大人になる」とは、働くというだけではなく、市民として生きる、また、社会の一員として能動的に生きることを意味している。改めて、「大人になる」特徴とは何であろうか。また、この時期に何が必要なのだろうか。本巻では、「大人になる」ことを「自立すること」として捉えていない。筆者によっては、あえて「自立」という言葉を使っていない。それは、外形的なあるいは「ある条件」をもって自立とするならば、そこに生きる主体が置き去りになることを意味するからである。本巻では、「大人になること」とは、働くというだけではないこと、社会の中で主体的に生きることとして捉え、そして「大人になること」を支え合う社会を構想したい。

本巻の構成

述べてきた視座をもとに、本巻は次のように構成する。

第Ⅰ部では「大人になる」ことをめぐる総論を学校（第1章、杉田真衣「子どもの貧困と〈学校から仕事へ〉の移行」）、労働（第2章、橋口昌治「仕事をして暮らす」）、家族（第3章、谷口由希子「家族にまつわる不利と不平等——依存できない家族の中で大人になる」）からの視点で展開する。

第Ⅱ部では「大人になる」ことの困難のかたちとして現れている事象をめぐり、各論を展開する。具体的には、次の構成である。第4章、新藤こずえ「障害とともに生きる若者」、第5章、川北稔「ひきこもりと社会参加の課題——子どもと家族を取りまく孤立および『隠れ貧困』」、第6章、林明子「生活保護世帯の子どもの高卒後の進学をめぐる困難」、第7章、永野咲「社会的養護と当事者活動」、第8章、屋代通子「社会的養護につながる若者が直面する複合的不利——自立援助ホームの現場から」。

第Ⅲ部は、「つながる・発言する・人生と社会をつくる」ことをめぐり、編者の杉田真衣と谷口由希子の対談を行っている（第9章）。編者二人は本巻の構想段階から「大人になる」ことを問い、自分の人生をつくる若者の実像に迫ることを試みてきた。主体としての若者に学ぶ中で、当事者の姿を都合の良いように解釈することにつながらないだろうか、あるいは「搾取」することにならないだろうか、という点について時間をかけて議論した。こうした積み重ねから、そもそもの問題意識や編者がこれまで出会ってきた若い方に学ばせていただいたことを対談というかたちで共有する場とした。

２０２０年２月

谷口由希子

第 I 部
子どもの貧困と若者期を考える視点

第1章
子どもの貧困と〈学校から仕事へ〉の移行

…杉田真衣

はじめに

1990年代後半以降、〈学校から仕事へ〉の移行が不安定化している。その移行の過程において、とりわけ貧困家庭の子ども・若者が困難な状況に陥りやすいことが指摘されてきた。なぜそのような状況が引き起こされるのだろうか。本章では、子ども・若者の移行の局面に焦点をあて、現在の学校が貧困状態に置かれている子ども・若者にどのような役割を果たしているのか／果たしていないのか、そこにどのような課題があるのかを検討する。

1 〈学校から仕事へ〉の移行をめぐる現状

最初に、〈学校から仕事へ〉の移行をめぐる近年の状況変化を整理しておこう。

（1）学校と労働の境界線の揺らぎ

第一に、2000年代以降、若者の移行をめぐる最も大きい変化は、学校と労働の境界線が揺らいでいることである。2節でも述べるように、高度経済成長期以降は〈学校から仕事へ〉の「間断なき移行」が成立し、相対的なノンエリートである高卒者においても、卒業と同時に正社員として入職することが前提となっていた。にもかかわらず、1990年代後半以降の新規高卒求人の収縮によって高卒就職は困難になり、高卒無業者や高卒非正規労働者の増加が注目されるようになる。学校と労働の境界線の揺らぎはこうした移行の不安定化によって生み出されているが、それに留まるものではない。というのも、１９９０年代以降の社会状況の変化は、〈学校から仕事へ〉の移行という認識枠組みそれ自体を揺るがすものにもなっているからである。

一般的に〈学校から仕事へ〉の移行という枠組みは、労働を免除された存在である生徒と、労働に従事する大人との間に断絶が存在することを前提としている。実際に、定時制高校は別として、全日制高校の多くで生徒のアルバイトを禁止しているのは、生徒は学業に専念すべきという規範が強いからである。とはいえ、こうした子どもと大人の区分はあくまで理念であって、実態とは異なるものであろう。特に貧困家庭では、子ども時代から自分自身や家族の生活を支えるために労働に従事しなければならない生徒が少なからず存在しており、１９９０年代後半以降の不安定化した労働市場に参入した若者たちが親世代になってからは、そうした存在が目立つようになっている（ＮＨＫスペシャル取材班 2018）。中には、生活のために就学が継続できなくなる人たちまでいる。いずれにせよ、貧困家庭の若者の多くは、高校時代から労働に従事しており、卒業後進学するにしても労働しながらの学生生活になる。労働者という点では、かれらにとっては学校在籍時と卒業後が地続きの世界となっている（杉田 2015）。

（２）個人化

第二に、第一の点と大きく関わるが、若者のライフコースが個人化していることである。〈学校から仕事へ〉の移行をめぐる変容は第一に指摘したとおりであるが、学校を経由した就職が収縮し、在学時から働く職場で卒業後もそのまま非正規で働き続けるなど、個々人の裁量による就業が拡大している。見落としてはならないのは、そのようにして移行した先の労働世界のあり方自体が変容していることだ。

１９７０年代にも学校を経由しない職業世界への移行のあり方は存在していた。地元のネットワークを活用した地域労働市場における移行回路が学校の外部に存立していたからであり、建設業を中心に、見習いから始まって事業主として独立していくことが展望できた。当時のヤンキーと呼ばれる若者たちが学校に抵抗できたのは、中卒でも食べていける就業先への移行回路を有していたからである（もちろん、女性は排除されていたが）。しかしながら、１９９０年代以降のグローバル競争の拡大によってそうした地元ネットワークを支える地場産業は脆弱化してきた。第三次産業においても、日本の産業構造の特徴は、北欧の福祉国家とは違って福祉・教育の占める比率が低く、飲食店、娯楽業や小売業の比重が高くなっていることであり、その産業の主力が非正規雇用労働者であると伍賀は指摘している（伍賀 2014：24）。重要なのは、これらの産業では、仮に正規雇用労働者になっても、低賃金・過密労働であるために流動性が高く、キャリアを積み重ねていくのが困難であることだ。

若者たちは過酷な／違法な労働を強いられているにもかかわらず、多くの場合、企業に対する異議申し立てはできていない。いまの若者に主体性がないからではない。労働力の流動化によって労働者同士の紐帯が形成されにくくなっているからである。非正規雇用労働者をはじめとした、既存の企業別労働組合から排除されがちな労働者の組織化を目指す個人加盟ユニオンは、２０００年代以降の日本社会でも生まれているが、未だ発展途上にある。

ファーロングは、後期近代社会におけるライフコースの特徴を、社会生活における集団的基盤が空洞化していながらも、それが依然として若者の経験や人生経験を制限する強力な枠組みになっていると指摘する。そこで強調されているのは、構造的に生み出されている問題であるにもかかわらず、自分個人の問題として認識するという「認識論的誤謬」が生じてしまうことである（ファーロング・カートメル 2009：263–275）。

（3）移民の子ども・若者の増加

第三に、グローバル化を背景として、外国につながる子ども・若者の数が増加しているが（額賀 2019：6–8）、かれらは日本の教育システムにおいて周縁化されている。義務教育段階において、教育を受ける権利が日本国民に限定されており、移民の就学を否定してはいないものの、あくまで「恩恵」にとどめられている。教育委員会から就学案内が届かないケースや、届いた場合でも日本語ユーザーであることを前提にしているため、保護者が書類を読めずに就学できないケースがある。年齢主義を取る日本では、学齢期を超過して来日した子どもの入学が拒否されることもある（坪田 2019：93）。就学できたとしても支援は十全ではなく、学業達成は困難で、そこに経済的困窮も重なって高校に進学できないケースも少なくない。

清水は、そうした周縁化によって必然的に非正規労働か無業へと移行させられていると指摘する。くわえて、就労先でも、進学できた場合は大学でも、「外国人」であるとラベリングされることで孤立させられていく様を描き出している（清水 2006）。全員日本人で、かつ同一年齢集団であることを前提に組み上げられてきた学校のあり方は、グローバル化が引き起こす時代に対応できていない。

以上見てきたように、現在の日本社会においては、学校と労働との境界線があいまいになっており、在学中も働くことを強いられ、学校を離れたあとも不安定な労働に従事せざるを得ない。展望が描きにくいまま、その舵取りの責任は社会ではなく個々人のみに帰せられている。貧困家庭の子ども・若者は、移行に伴う困難を共有しにくい状況にあると言える。日本社会の周辺部にいることを余儀なくされている、外国につながる子ども・若者たちの声は、未だ差別的な社会にあって顕在化しにくい。

2　戦後日本の〈学校から仕事へ〉の移行の特徴

ここでは、1節で確認した現状の背景にある、戦後日本の〈学校から仕事へ〉の移行のあり方の特徴を見ていく。

(1) 高度経済成長期から90年代後半までの移行の特徴

高度経済成長期に確立・普及したのが、終身雇用、年功賃金、企業別組合を特徴とする日本型雇用慣行である。若者たちは新規学卒一括採用で〈学校から仕事へ〉の切れ目のない移行を果たし、入職してからOJT（オン・ザ・ジョブ・トレーニング）によって徐々に仕事に関わる知識や技術を身につけ、企業の福利厚生を支えにしながら生活をつくり、結婚して家族を形成し、年々上昇する賃金でマイホームの購入や教育投資などを行っていき、定年まで一つの企業に勤める、というのが標準的なライフコースとなっていた。

父親が教育費を稼ぎ、母親が子育てに傾注するなか、子どもたちはいわゆる受験学力をめぐる競争に駆り立てられ、その高低によって進学先が決まり、それがどこであるかに大きく左右されて就職先が決まっていく。その際、企業が仕事に就くための具体的な知識や技術の有無を問題にしないのは、企業が求めるのはスペシャリストではなくジェネラリストであり、入職後のＯＪＴと頻繁な配置転換によってジェネラリストとなるように育てていくからである。乾が「企業社会からの一元的能力主義化」として把握したように、採用は「潜在的一般的可能性としての抽象的能力という一元的基準」によって行われ、学校はそのために一元的偏差値的に序列化された（乾 1990：193, 171）。一元的能力主義化は女性差別を内包しており、女性は昇進ルートから排除され、早期に結婚し、離職することを余儀なくされていた。女性たちは、受験競争においてたたかう子どもや「企業戦士」として働く夫を支えるために、家庭で家事・育児に専念しなければならなかった。

（２）労働が排除された学校空間の成立

重要なのは、そうした潜在的能力を媒介にした移行が成立する中で、第一に、普通教育中心の高校システムが形成されていったことである。高度経済成長期以前は普通科と職業科の生徒数の比率はおおよそ６対４であり、高度経済成長期には職業学科増設政策が打ち出されたにもかかわらず、高校進学率が90％を越えた１９７０年代に至ってもおおよそこの比率が維持されていた。１９７０年代以降はほぼ普通科だけが増設され、１９９０年代には普通科と職業科の比率が７・５対２・５になるまで職業科は縮小した。そもそも学校体系の外部に位置づく公共職業訓練機関は一貫して脆弱であり続けた。このような事態が生じた要因をここで詳細に論じる余裕はないが▼1、ノンエリートの職業的自立を支えるための教育は戦後日本社会で確立しなかったと言える。

第二に、高校進学率の上昇とともに定時制高校が縮小し、ほぼ全日制高校になっていったことである（片岡 1983）。その過程で、定時制高校の内実も変容し、勤労青年のための教育機関という性格は弱まり、先の乾の言葉で言えば一元的能力主義秩序の最低部に位置づけられることとなっていった。もちろん、高度成長期以降も定時制高校が貧困層・低学力層への教育機会を提供し続けてきたことは確かであるが、働きながら学ぶ若者の存在が収縮していったのは間違いない。定時制高校ですら、労働との関係は弱まっていったのである。

以上のようにして、学校と労働とが隔絶するような関係がつくられていった。ただし、本田が「戦後日本型循環モデル」として説明するように、この隔絶は何らかの社会的セーフティーネットによって支えられていたわけではなく、教育、仕事、家族という三つの互いに閉じられたシステムの密接な連携によってのみ成立していた（本田 2014）。それゆえ、1節で見たように、高度経済成長期に形成された戦後の企業社会システムの崩壊とともに学校と労働の境界線が揺らぐと、労働を免除された子ども期は、個々の家族の資源のみによって創出しなければならないものとなった。

（3）ノンエリート青年を支える戦後の高校教育実践の意義と課題

ノンエリートの職業的自立を支える教育は戦後日本社会で確立しなかったと先に述べたが、ノンエリート青年を支えるための教育実践が存在しなかったわけではない。高度経済成長期以降も、職業科では、職業に必要な知識や技術を身につけさせることを通じて、生徒たちの職業的自立を支えてきた。

また、一元的能力主義秩序のもとでの教育では、学業達成が重視されるあまり、成績不振者にとって学ぶことの意味はとりわけ空洞化しやすく、学校秩序から逸脱する生徒を大量に生み出した。不良やヤンキーと呼ばれた逸脱生徒は偏差値序列において下位に位置づけられた高校に集まり、そこでは厳しい管理体制がとられることが多かった。しかし、管理教育に批判的意識をもち、生徒を否定するのではなく承認し、学ぶ意味を回復するための学校教育をつくろうとする教師も少なくなかった。そうした教師の多くは、生徒の逸脱行動の背景にしばしば経済的に困難な家庭環境があることを理解し、その背景に無頓着な学校のあり方に課題を感じていた。重要なことは、1980年代以降の貧困問題に関わる実践の焦点は、ノンエリートの生徒たちに職業的な技術・知識を身につけさせるよりも、一元的能力主義によって疎外されたかれらが葛藤の中で自分をとりまく社会のありようを見抜き、自己の尊厳を取り戻していくことにあてられていたことである▼2。職業的自立をめぐる課題がなかったわけではないが、当時の若年労働市場は基本的に好調であり、何らかのかたちでの就職は可能であったためそれが前景化することはなかった。新規高卒者としての移行ルートに乗ることができるように、高校を退学させずに卒業させることが重要な意味をもっていたのである。

3　移行の変容への政策的対応

前節で確認したように、戦後形成された〈学校から仕事へ〉の移行の特徴は、企業社会の一元的能力主義秩序に親和的な普通学力中心の教育システムが形成されたことと、そうした教育システムへのコミットメントは家族の資源に依拠して行われていたことである。しかしながら、1節に述べたように、こうしたシステムを支えるための条件は次第に失われつつある。ここでは、1990年代以降の移行をとりまく状況変化に対して、近年いかなる政策的対応がなされてきたのか、それらが貧困層を中心とした子ども・若者にどのような意味があるのかを検討したい。

(1) 高校の「多様化」

第一に、高校教育の「多様化」が進められた。ここで「多様化」とは、標準的な高校教育を創出するというよりは、高校教育の機能分化を積極的に創出する動きを総称している。もちろん、高校教育の「多様化」それ自体は戦後繰り返し施行されてきた。とりわけ1960年代後半には既存の職業的専門分化に即した学科の多様化が主張されたが、狭隘な知識や技能の獲得に終始するとして民衆からも企業からも支持されず、浸透しなかった。その結果として、2節で見たような普通学力偏差値をもとにした序列的な高校体制がつくられていった。しかしながら、1990年代以降の「多様化」は、高度成長期のように職業的専門分化に即した学科の「多様化」を推進するのではなく、1991年の中央教育審議会答申によって普通科と職業学科を超える学科として提言された「総合学科」のように、学科の体系性をゆるめることで、既存の普通科を中心とした教育システムを改革することに焦点をあてている。普通科に代わる体系性を有した専門学科をつくるのではなく、個々の子どものカリキュラム選択の余地を拡大することで、普通教育中心の教育システムから疎外されつつある子どもへの対応をはかろうとしたのである。

2000年代以降になると、個々の子どものニーズに即した「多様化」がより本格的に進められていく。各自治体によってその名称は異なるが、たとえば東京では昼夜間定時制の単位制高校、「エンカレッジスクール」や「チャレンジスクール」といったタイプに分け、既存の高校に適応しにくい生徒のニーズに応える高校をつくるべく、カリキュラムの弾力的な運用をしていくようになる。「エンカレッジスクール」は「小・中学校で十分能力を発揮できなかった生徒のやる気を育て、頑張りを励まし、応援する学校」として、基礎・基本を徹底すると同時に体験学習を重視するという。「チャレンジスクール」は、不登校経験をもつ生徒向けにつくられた午前・午後・夜間の三部定時制の総合学科高校（単位制）となっている▼3。また、近年の高校制度の弾力化で注目されているのが通信制高校である。通信制高校の増加は、毎日学校に通い授業を受けるという、これまで自明視されてきた高校生活のあり方とは異なる就学へのニーズが増加していることを一つの背景としている。通信制高校の内実は一様ではないが、託児室を有したり少年院▼4と連携したりすることもあり、既存の高校からは排除されがちな子ども・若者の就学を可能にする高校教育を創出するものとして期待されている（手島 2018）。こうした動きは、1960年代に普通科高校の隆盛のもとで周辺化していった定時制高校や通信制高校が、そうした多様なニーズをくみ取る教育機関として再定置されているものとしても理解できる。新しくできた高校では、不登校、高校中退、高校非進学など何らかのかたちで高校在学を継続できなかった子ども・若者を包摂することが目指されており、貧困家庭の子ども・若者、外国につながる子ども・若者や障害のある子ども・若者などの教育機会を確保するうえで重要な意味をもっている。

とはいえ、こうした高校多様化が既存の普通学力による一元的な序列をどの程度相対化できているのかについては、慎重に議論する必要がある。というのも、他の先進諸国で見られる高学歴志向の相対化は、普通教育とは相対的に切り離された職業教育トラックの創出によって実現しているが、前述のように、近年の多様化において職業学科を発展・再生する動きは決して強くないからである。むしろ、少子化という状況下で、普通科と職業学科を統合した学科の新設が学校統廃合の口実になっているとも指摘されている▼5。

その意味で、子どもたちの状況に合わせて高校教育の機能を分化させるとはいえ、結果的には普通学力偏差値による序列付けを追認する高校をつくり出している側面は否定できない。

また、個々の子どもへの対応を強調しすぎることで、それまで周辺化された子どもを救ってきた様々な高校の機能を弱める可能性がある。まず、貧困家庭出身など不利な状況に置かれた若者にとって、単位制や通信制の柔軟性は教育機会の均等という点で利点となるが、ただ高卒資格を得たいという若者の望みを叶えることに終始し、結果的に、単位修得には還元され得ない高校での学びの内実は不問に付される危険性がある（岡部 2004）。また、単位制の拡大は、個々の生徒のカリキュラム選択をより自由にするが、それぞれが個別に履修をしていくためホームルームが成り立ちがたくなる。近年の調査研究では、学校でつくられた仲間関係が卒業後の支えになることが指摘されている（乾編 2013）。カリキュラムの個人化によって、高校教育がそうした貧困家庭の生徒たちのネットワークの形成に寄与できなくなる可能性がある。

（2）就学支援金制度の創設

第二に、2000年代後半以降の「子どもの貧困」への社会的注目とともに、学費を公的に負担するという政策がつくられつつある。とはいえ、その進展は必ずしも直線的ではない。

よく言われるように、日本の政府や自治体による教育への財政支出は極めて少ない。そうした状況下にあって、2010年の民主党政権時に「公立高等学校に係る授業料の不徴収及び高等学校等就学支援金の支給に関する法律」が施行されたのは前進であった。この制度は、公立高校の授業料を徴収せず、それ以外の高校等に通う生徒には授業料に充てる就学支援金を支給することを制度化するものである。しかし、自民党へと政権が交代すると、この法律は2014年に「高等学校等就学支援金の支給に関する法律」へと改称され、公立高校は不徴収ではなく、私立と同様に就学支援金として支給されることとなったうえに、所得制限が導入された。富裕層の学費免除を撤廃することはむしろ公正だと考える向きもある。とはいえ、貧困家庭の子どもの教育機会の確保にとって必要なことは、子どもの教育機会を家庭の責任から切り離し、子どもの権利として承認することであるという観点からみれば、普遍給付の実現を手放すべきではないだろう。

また、この制度は授業料の支給であるが、高校に通うためにかかる費用は教科書や修学旅行の費用など授業料にとどまらない。公立高校の学区が撤廃されて全県一区となっている場合など、自宅に近い高校に入れず、遠方の高校に通う交通費が捻出できないために進学を断念せざるを得なくなるケースもある。くわえて、この制度の運用上の課題も指摘されている。現行の制度のもとでは、受給するためには学校に申請書を提出しなければいけない。ダブルワーク・トリプルワークや深夜労働によって時間的・体力的に余裕がなかったり、病気や（保護者自身の不利な生育環境に起因する）低学力によって申請書への記入自体が難しかったりする保護者が多い貧困家庭においては、申請が必須であることは高い障壁となる。生活保護世帯と住民税非課税世帯が受給できる奨学給付金の制度も２０１４年に始められたが、就学支援金と同様に申請する必要があるため、同じ問題が生じる。朝鮮学校はそもそも就学支援金制度から排除されているという深刻な問題もある。

（3）スクールカウンセラーやスクールソーシャルワーカーの配置

第三に、子どもの学校での困難は教師だけでは解決できないという認識が広まりつつあり、教師以外の担い手たちが生徒支援の専門家として学校へと入ってきたことである。

まず、1994年度に文部科学省によって「スクールカウンセラー活用事業」が始められた。スクールカウンセラー（以下、SC）は、面接相談を通して生徒、保護者や教職員をケアするだけでなく、コンサルテーションを通じて担当学校の心理的ケアの体制を整備することも求められている。SCの導入当初は、生徒のケア、とりわけ周辺化されてきた生徒のケアを通して自らの教職アイデンティティをつくってきた教師に戸惑いや葛藤をもたらすこともあったとはいえ、この間一定の浸透を見せてきたことは間違いない。SCの導入により、それまでの教師の経験値にもとづいた指導を相対化しつつ心理学的知識を活用できるようになったことは、そうした経験値にもとづく指導に科学的な根拠を与えるという意味でも、歓迎されている。とはいえ、貧困や差別から生まれる問題を心理的な問題とみなすまなざしを誘発するという点で、社会的な問題を個人化する側面があるのではないかという危惧もある。

心理学的アプローチだけでは解決できない、貧困などの困難を抱える生徒たちを社会福祉的に支援する担い手として、2008年度からはスクールソーシャルワーカー(以下、SSW）の活用事業が開始された。SCほど普及していないうえに、その担い手として社会福祉士や精神保健福祉士のような専門家ではなく退職校長や元警官が配置されるケースもあり、社会福祉的な問題を未だに「教育的問題」「逸脱的な問題」として理解している向きもある。未だ課題は多く、今後どのように発展していくのかが注目される。

SCもSSWも、今後の学校教育を担う重要な役割であることが期待されていながらも、制度の実現という面では課題を抱えている。特に、これら専門家の多くが非常勤で雇用され、不安定な条件で働くことを強いられているのは問題である。そもそも、SSWを配置し、「資源」を有効に活用できるようにする支援が必要であることは間違いないが、学費の完全な無償化を含めて、脆弱な「資源」そのものを拡大する必要がある。

（4）外部機関との連携

教師以外の担い手が専門家として学校へと入ってきただけでなく、学校とその外部にある機関との連携がはかられるようになった。その最も重要な領域の一つは、1990年代以降の〈学校から仕事へ〉の移行の不安定化の中で求められてきた就労支援である。若者サポートステーションの職員が校内で生徒の就労相談に乗り、履歴書の書き方や面接の仕方の指導を行う事例がある。高校在学時にその状況を把握して関係を構築した若者を卒業・離学後も追跡し、支援を継続する事例まである。学校と企業が「実績関係」をもとに直接つながることで「間断なき移行」を可能にしていた状況が変わり、そのつなぎが生徒個人の責任へと帰せられる中、学校と企業の間に生じた間隙を補うべく、公的な機関によってこうした取り組みが行われている。ただし、就職活動支援については一定の改善が見られつつも、職業的な知識や技術の獲得を可能にする公的支援は未だ乏しい。

就労支援だけでなく生活支援においても外部機関との連携が進められてきた。生徒の実態を鑑みつつ、ケースワーカー、児童相談所、障害児・者関係機関、医療機関などとの連携を自発的に模索してきた学校は少なくないが、先述したＳＳＷがそのコーディネートを担うことが期待されている。

近年注目されているのは、若者支援に携わるＮＰＯなどが担い手となり、困難な状況に置かれた生徒がともかくも学校に通い、そこで少しでも安心していられるような空間を学校内に作り出す取り組みである。学校内に飲み物や菓子を用意するなどして「居場所」をつくるこうした取り組みは、「校内居場所カフェ」と呼ばれている（居場所カフェ立ち上げプロジェクト編 2019）。校内居場所カフェは、生徒を精神的に支えるだけでなく、そこでの会話をきっかけとして就労支援や生活支援につなげることもある。

校内居場所カフェが広がりつつある背景には、家庭が安心していられる場でなく、地域にも行き場のない若者の多くが学校からも疎外されてきた経験をもっていてもなお、かれらを捕捉できる唯一の場が学校だということがある。先に述べたような、通信制高校で高卒資格を得ようとする若者にとっての居場所の乏しさを、校内居場所カフェが補う側面もあるのではないか。また、茶菓子の提供は、くつろげる空間の創出というだけでなく、食事を取ることができていない貧困家庭の生徒にとって重要となり、だからこそやって来る生徒もいるであろう。しかし一方では、定時制高校での夜間給食が廃止されてきている状況がある。高校教育の本体部分の収縮を補完する役割をこうした事業が担っていると言えるが、それがどこまで補完できているのかを注視していく必要がある。

以上見てきたように、高校においては、高卒資格などの資格を取るといういわば道具的機能と、校内居場所カフェが有するような居場所の機能、言い換えれば表出的機能との分離が見られる。以前は担任教師やホームルームの実践を内包する学校が両者の機能を担っていた。それがよかったとは単純には言えないが、こうした機能分化が生徒の主体化に与える影響を見ていかなければならない。

4　現在の課題

以上、日本社会の変容に対して講じられている策について見てきた。それをふまえたうえで、いま何が課題となっているかを最後に考えたい。

（1）公教育理念の揺らぎと再生

第一に、公教育の市場化をどのように制御するかという課題がある。２０１８年に文部科学省が今後の教育改革の方向性を提示する文書「Society 5.0に向けた人材育成〜社会が変わる、学びが変わる〜」を発表し、「人工知能（ＡＩ）、ビッグデータ、Internet of Things（ＩｏＴ）、ロボティクス等の先端技術」（2頁）が高度化する社会への対応を教育の命題に位置づけた。児美川が指摘するように、重要なのはSociety 5.0の構想が教育に対して、「Society 5.0を実現し担う人材の育成」だけでなく「最新テクノロジーが駆使される場としての教育領域の編成」を命題として突きつけ、「公教育の場を経済成長に貢献できる『市場』として大胆に解放」しようとするところである（児美川 2019：57）。また「個別最適化された学び」が推奨されおり、一見するとどの子どもにも学びを保障する提言のようだが、個別学習の推進を標榜したＩＣＴの導入を、公教育の市場化を推し進める突破口とする狙いもあると指摘される（児美川 2019：57‒58）。

公教育の市場化が貧困の中にある生徒に何をもたらすかは詳細に検証される必要があるが、さしあたりここで述べたいのは、市場化し個別のニーズに応えるだけでは、貧困家庭・低学力の生徒の状況全体の改善にはつながらない可能性が高いということである。とりわけ、これまで指摘してきたように、ノンエリートの子どもでも安心して働き暮らしていく展望が描けるようにするために、既存の移行体制を見直すということのないままに「個別最適化」を進めるだけでは、子どものキャリア形成が個人化し、貧困や不平等の不可視化が進むだけであろう。履修主義ではなく年齢主義の規範が強い日本社会においては、その可能性はとりわけ強い。というのも、「個別最適化」が、明確な知識・技術の獲得目標の達成を保障するものとして機能するのではなく、個々の子どもの事情に応じた単位取得を許容するだけで終わってしまう可能性があるからである。

拡大してきた通信制高校も同様の課題に直面する。通信制と、ＩＣＴを利用した「個別最適化された学び」との親和性は高いように見え、今後も拡大していくことが予想される。しかし、通信制高校には既存の高校の設置基準の柔軟化によって拡大した側面があり、どのようなキャリア展望を前提にして「最適」の教育を実現しようとしているのかは定かではない。既存のキャリア形成の見直し・再創造なくしては、「個別最適化」は単なる不平等の追認になる可能性が高い。

〈学校から仕事へ〉の「間断なき移行」が実現している時代とは異なり、今後は高校教育でどのような知識や技術を獲得できるのかが社会的な課題としてせり上がってくる可能性が高いし、そうなることが望ましい。移民の増加は従来の高校教育を問い直す必要性を一層高めている。しかし、公教育の市場化は、高校教育はどうあるべきかといった公教育の理念を構築するための手段ではないし、むしろ、公的に議論する余地を狭めていく可能性が高い。個別のニーズへの対応が重視される時代だからこそ、公教育の理念をつくりあげ、そのために必要な制度を整備していくべきであろう。

（2）教育／福祉／労働の境界線の再編

第二に、第一の点とも関わるが、高校教育において、教育とは異なる領域、とりわけ福祉と労働との関係をいかに構築していくかという課題がある。これは高校教育が担うべき役割をどこに設定するかという課題である。

前節でも述べたように、近年の高校をめぐる状況として興味深いのは、既存の高校に合わない生徒のニーズに応える学校のあり方として、道具的価値と表出的価値との制度的分岐が生じつつあると見えることである。高卒資格を得ることを目的として入学した生徒が卒業できることを重視した取り組みがなされる一方で、高卒資格以前に、高校が安心していられる居場所となり、そこで人と関わることを足がかりとして社会へと参入していけるようになることを期待した取り組みもある。

これまでの高校教育のように表出的機能と道具的機能が一体化した（少なくともその充実を目指した）学校が消失していくとは考えにくい。かといって、両者の機能を併せ持った高校をすべての子どもが望んでいるとは限らないのは事実であり、学校以外の領域でそれらを担うことが求められているのは間違いない。しかし、校内居場所カフェの一定の普及にも現れているように、学校以外にはそのような場は不十分にしか形成されていない。本田が指摘したように、企業─家族─学校の「戦後日本型循環モデル」に依拠してきた日本社会では、その三領域をつなぐ場は未発達だからである（本田 2014）。また、1節でみたような雇用の流動化によって企業内教育は縮小し、地域共同体も融解している。さらには2000年代以降の地方分権改革にともなう社会教育領域の収縮も、そうした状況を悪化させている。現在の社会状況のもとで、高校教育機能の収縮は貧困家庭の子どもに不利に働く可能性が高い。とはいえ、学校教育に依存し続ける社会は脆弱である。企業─学校─家族のそれぞれの領域において状況が改善されることが望ましいと同時に、各領域の間に道具的機能（職業訓練機関）と表出的機能（社会教育を含む居場所空間）を果たす機関をつくっていくことが求められている。

（3）学びの空洞化

最後に、上記の二つの課題とも関わるが、これまでの高校教育の「学びの空洞化」をどれだけ克服できたのかが検討される必要がある。ここでの「学びの空洞化」とは、1970年代以降の学歴獲得競争の中での、学校で学ぶ事柄それ自体の価値を実感することなく、学業成績という外在的な目標のためだけに勉強にコミットするという実態の広がりを指している。子どもたちが学びの意味を実感せずとも学業へのコミットメントを続けられたのは、学業成績が進学や就職に直結したからである。しかしながら、冒頭で見たように、高卒後の〈学校から仕事へ〉の移行が困難になる中で、とりわけ非進学校の生徒が学びの意味を不問にしたこれまでのあり方で学業へのコミットメントを維持するのは、一層困難になっている。高校教育には学びを再創造することが求められている。

再創造の方向性は様々にあるが、ここでは本論で強調してきた職業世界とのレリバンスのあり方に注目して2点ほど指摘したい。1点目は、学校での学びと、生徒の現在または将来の労働や生活とを結びつけることの意義を重視してきた専門高校の意義を、再評価することである。専門高校や専門学科・コースの教育実践の報告では、たとえば農業高校の「実習を核とした実感のある学びがあった専門教科の授業」を通して自分の学びと社会との結びつきを理解していった様子（鈴木 2019）、普通科高校福祉コースの高齢者施設実習で高齢者と接したことが自己評価を高めるきっかけになった様子（十二 2006）など、生徒が専門的なカリキュラムを通して学ぶ意味を摑み取っていく姿が活写されている。すべての専門高校・コースでこうした学びが実現しているとは言えないかもしれないが、普通高校にはない学びの資源が豊富に存在していることは確かである。注意したいのは、生徒は必ずしも職業との結びつきを考えて専門高校や専門コースへと入学していくわけではなく、すべての生徒が卒業時に高校での学びと結びついた職業に就く道を選択していくわけでもないということである。にもかかわらず、職業社会との何らかのレリバンスが意識された高校での学びから得た自信やちからが、その後の道のりの拠り所となりうることを指摘したい。

2点目は、普通高校でも、働き暮らしていくために必要な知識や技術が獲得できる教育は可能なことである。たとえばワークルールや社会保障制度の学習がそれにあたるだろう。ここで主張したいのは、こうした学習は、個別よりも共同で行われることに意義があることだ。インターネットを使って一人で労働や生活に必要な法律や制度を知ることの意義を否定するつもりはないが、学校において共同で学ぶことによって、違法な働かされ方は許されないことや、自分たちには働き生活するために要求する権利があることを認識しやすくなると考えるからである▼6。なにより、学校での学びを、競争を通じて個人を分断するものとしてではなく、共同性を育むものとして経験することが求められる。こうした学びは、一見すると仕事や生活に直結しそうにない領域においても得ることができるし、実際に教師たちによってその模索がなされている。

むすびにかえて

本稿では高校教育に焦点をあててきた。吉川が指摘するように、大卒と非大卒の間には分断が生じており（吉川 2018）▼7、とりわけ貧困層の困難は高校教育をめぐって顕在化しやすいと考えたからだ。とはいえ、高卒後の進学率が上昇し、高卒就職者が少なくなっているのも確かであり、貧困層を含む多くの若者の仕事への移行が生じる主要な舞台は高等教育機関になりつつある。ノンエリートの教育課題は、これまでそれとは無縁であると想定されがちであったポスト後期中等教育段階に顕在化している（居神編 2016）。その点の検討については今後の課題だが、さしあたり述べておかなければならないのは、日本の高等教育費が極めて高額であり、かつ奨学金制度が脆弱なことである。2020年より「高等教育の修学支援新制度」が開始されるが、既存の授業料減免制度を利用できていた層がその対象外になる場合があるなどの問題点が指摘されており、高等教育機会の保障は未だ不十分である。いかなる高等教育をつくっていくべきかについては、誰もが高等教育機関に進学できる制度的基盤を構築することと併せて検討されるべきだろう。

注

1 たとえば、橋本ほか（2011）や本田・堤（2014）などを参照。

2 たとえば、吉田（1983）など。商業高校で商業を教えた吉田は、女子生徒たちの「愛と性」を主題とした実践の記録を綴っている。そこに登場する生徒の一人である博子は、貧困家庭で暮らす中で、異性の恋人から愛されたいと願い、彼をつなぎとめるためにセックスの要求を断れず、妊娠の不安を抱えて悩み苦しむ。こうした女子生徒と関わる中で吉田が辿り着いた認識は、「高校生に〝愛を教える〟ことは、自己愛を豊かにはぐくむこと」（吉田 1983：184）というものだった。職業的自立のルートが見えにくいノンエリートの女子生徒の多くにとって、結婚して家族を形成することが、厳しい生育環境から脱する手段だとみなされていた。吉田はそうした彼女たちの人生観を一旦受けとめ、「愛と性」に焦点をあてた実践を展開することで、彼女たちが自分自身の人生を生きる主体へと成長することを目指した。

3 東京都教育委員会のホームページ「これまで設置してきた多様なタイプの高校」（https://www.kyoiku.metro.tokyo.lg.jp/school/high_school/type.html）より。

4 在院者の背景にしばしば貧困があることが指摘されている（岩田 2013）。

5 たとえば、「総合学科」創設初期の指摘として小島（1996）がある。

6 こうしたことを井沼淳一郎のワークルールの教育実践を検討しながら論じたことがある（杉田 2018）。

7 吉川は大卒を「短大・高専以上」、非大卒を「専門学校進学を含む高卒と中卒」とし、「専門学校進学者については、高卒後もう一段上の『切符』を手にする人生コースだとみるよりも、20歳前後の早い段階で特定の仕事に就くことを視野に入れた、非大卒の人生コース選択だと考えるのが妥当だ」としている（吉川 2018：104）。専門学校を高卒と同じカテゴリーに入れてよいかについては、注意深く検討する必要があるだろう（植上 2011）。

引用・参考文献

ファーロング、アンディ／カートメル、フレッド（2009）『若者と社会変容――リスク社会を生きる』乾彰夫・西村貴之・平塚眞樹・丸井妙子訳、大月書店

伍賀一道（2014）『「非正規大国」日本の雇用と労働』新日本出版社

橋本紀子・木村元・小林千枝子・中野新之祐編（2011）『青年の社会的自立と教育』大月書店

本田由紀（2014）『社会を結びなおす――教育・仕事・家族の連携へ』岩波書店

本田由紀・堤孝晃（2014）「１９７０年代における高等教育政策の転換の背景を問い直す」『歴史と経済』第56巻第3号

居場所カフェ立ち上げプロジェクト編著（2019）『学校に居場所カフェをつくろう！』明石書店

居神浩編著（2016）『ノンエリートのためのキャリア教育論』法律文化社

乾彰夫（1990）『日本の教育と企業社会』大月書店

乾彰夫編（2013）『高卒5年　どう生き、これからどう生きるのか――若者たちが今〈大人になる〉とは』大月書店

岩田美香（2013）「『非行少年』たちの家族関係と社会的排除」『大原社会問題研究所雑誌』第657号

十二雅子（2006）「出会いを重ね人間の生き方を学ぶ――大東学園高等学校福祉コースの実践」全国進路指導研究会編『働くことを学ぶ――職場体験・キャリア教育』明石書店

片岡栄美（1983）「教育機会の拡大と定時制高校の変容」『教育社会学研究』第38集

吉川徹（2018）『日本の分断――切り離される非大卒若者たち』光文社新書

小島昌夫（1996）「総合学科をめぐって問われているもの」教育科学研究会・小島昌夫・鈴木聡編『高校教育のアイデンティティー――総合制と学校づくりの課題』国土社

児美川孝一郎（2019）「Society 5.0と高校教育の『融解』」『高校生活指導』208号

NHKスペシャル取材班（2018）『高校生ワーキングプア』新潮社

額賀美紗子（2019）「グローバル時代の国際移動と変容する日本社会――移民と出会う日常」額賀美紗子・芝野淳一・三浦綾希子『移民から教育を考える――子どもたちをとりまくグローバル時代の課題』ナカニシヤ出版

岡部善平（2004）「単位制高校における生徒のカリキュラムへの意味付与に関する事例研究」『人文研究』第107号

清水睦美（2006）「ニューカマーの子どもの青年期――日本の学校と職場における困難さのいくつか」『教育学研究』

第73巻第4号
杉田真衣（2015）『高卒女性の12年――不安定な労働、ゆるやかなつながり』大月書店
杉田真衣（2018）「貧困の中の子どもたちと生活指導の課題」『高校生活指導』205号
鈴木隆司（2019）「親の目から見た、農業系専門高校で学ぶ高校生」技術教育研究会編『高校生ものづくりの魅力――実感のある学びで社会とつながる』一藝社
手島純一編著（2018）『通信制高校のすべて』彩流社
坪田光平（2019）「学校――子どもの生きにくさから考える」額賀美紗子・芝野淳一・三浦綾希子『移民から教育を考える――子どもたちをとりまくグローバル時代の課題』ナカニシヤ出版
植上一希（2011）『専門学校の教育とキャリア形成――進学・学び・卒業後』大月書店
吉田和子（1983）『愛は教えられるか――高校生の［愛と性］を生きる』高文研

第2章
仕事をして暮らす
…橋口昌治

1 「若者の貧困」を語ることはいかにして可能か

「若者の貧困」を論じることには、ある種の難しさがともなう。その理由の一つは、「若者」の範囲が広がり、「若者」が社会を読み解く際の枠組みとしての有効性を失いつつあるからである。たとえば、内閣府による定義では若年非正規労働者（フリーター）、若年無業者（ニート）の年齢の範囲は15～34歳とされ、「わかものハローワーク」などでは、「正社員を目指す若者」を「おおむね45歳未満」と定義している。このように「若者」の範囲は、以前であれば考えられなかった年齢にまで広げられてきた。その理由は、1990年代から2000年代前半の就職難の時代に学卒年齢を迎えた「氷河期世代」を「若者」に含め、正社員にするための支援の対象にするためだと考えられる。一方、若者論においても、この間の社会の変容を受け、「全世代の〈若者化〉」（仁平 2015）、「若者の溶解」（浅野 2016）といった問題提起が繰り返されてきた。浅野智彦は「若者の変化について語る人々の足場の方こそより大きく変化しているかもしれない」（浅野 2016: 207）と指摘している。

二つ目の理由は、「若者」に焦点をあてることで、視野の外に置かれてしまう貧困があるということである。これは、「若者」の輪郭が曖昧になっているという一点目の理由と矛盾しているかもしれないが、同じ年齢層でありながら明確に支援の対象としての「若者」から排除されてきた人々がいる。それは主婦パートなど非正規雇用で働く既婚女性であり、「15～34歳で、男性は卒業者、女性は卒業者で未婚の者のうち」という内閣府によるフリーターの定義に現れている。女性は非正規雇用で働いていても、結婚して男性に養ってもらえば問題ないと考えられてきたのではないか。また「若者」を論じ、支援しながら、実質的に男性を念頭に置き、彼らが正社員になることを支援してきたとも言える。その結果、『シングル女性の貧困』（小杉ほか編 2017）が述べているように、非正規雇用で働く独身女性の貧困に関する調査結果が発表された際、行政が見落としてきたという反応があったと考えられる。

それでは若者論と同様、「若者の貧困」を論じることも不可能なのであろうか。浅野は、現状において若者について論じることがいかにして可能なのか、四つの選択肢を挙げている。まず一つ目は、若者を対象として論を立てるという枠組み、若者論を放棄するというものである。これはジェンダーや階層、エスニシティなどの属性に注目するという含意がある。一方、枠組みを維持する選択肢が三つ挙げられる。一つ目は、「生まれた子供を年長者が世話をすること、年少者を一人前の成員に育て上げること」など、どのような社会にも必要な営みに着目し、それを「若者」という共通の枠組みで捉えようとするものである。具体例として、先進諸社会に共通して見られる「移行過程の失調の問題として主題化される若者問題なるもの」が挙げられている。二つ目は、「若者」一般を対象にすることを断念し、「地方の若者と大都市圏の若者、男性と女性、正規雇用と非正規雇用」というように限定された範囲の若者を対象にする方法である。

三つ目は、「若者」およびそれに関連する諸カテゴリー（フリーターやニート、「ゆとり世代」など）の運用それ自体を対象として社会学的な分析を試みる方法である。その分析対象には「若年非正規労働者」「若者の貧困」をめぐる「語り」も含まれるであろう。たとえば冒頭の二点に共通していることは、「若者の貧困」が論じられる中、「大人の貧困」が正面から議論されていないということである。かたや「若年非正規労働者対策」という建前で40代を迎えた「氷河期世代」の支援をし、かたや「若年非正規労働者問

表1　日本における格差・貧困をめぐる議論と運動に関する年表

2000年	乾彰夫「『戦後的青年期』の解体―青年期研究の今日的課題」 首都圏青年ユニオン結成
2002年	小杉礼子編『自由の代償／フリーター 現代若者の就業意識と行動』 未就職卒業者就職緊急支援事業 若年者トライアル雇用事業
2003年	「若者自立・挑戦プラン」、青少年育成推進本部
2004年	玄田有史・曲沼美恵『ニート　フリーターでもなく失業者でもなく』
2006年	湯浅誠「格差ではなく貧困の議論を」 地域若者サポートステーション事業開始。再チャレンジ推進会議「中間報告」
2007年	反貧困ネットワーク設立
2008年	リーマン・ショック後の「派遣切り」を受け「年越し派遣村」実施
2009年	民主党政権誕生、政労使の雇用戦略対話設置 「緊急雇用対策事業」、緊急人材育成支援事業、「ひきこもり地域支援センター」設置
2010年	子ども・若者育成支援推進法→5年間の長期計画「子ども・若者ビジョン」 パーソナル・サポート・サービス、青少年雇用機会確保指針
2011年	求職者支援法（求職者支援事業）
2012年	若者雇用戦略
2013年	生活困窮者自立支援法成立、中間的就労事業者の育成
2014年	子どもの貧困対策法 雇用保険法改正、「中長期的なキャリア形成支援」（学び直し支援）
2015年	青少年雇用促進法 AEQUITAS（エキタス）結成

出所：南出（2012）、宮本（2015a）、濱口（2018）を参照して、著者作成

題」を議論しながら非正規雇用で働く女性、特に単身者の貧困を「見落としてきた」。これは、なぜ親世代の貧困を問題にしないのかという「子どもの貧困」議論に対する指摘と、議論の構造および対象が重なっている。本シリーズが、貧困を分断しないという問題意識を掲げているように、カテゴライズすることは貧困研究に新しい視点を持ち込み、理解を深めることを可能にするとともに、分断も生じさせてきた。本章で求められる「若者の貧困」論は、貧困の全体像を意識しカテゴリーを問い直すことによって可能になる。

しかし貧困の全体像を捉えることなど能力的に無理なので、ここでは、現在の貧困の背景にあると考えられる1990年代以降の日本社会の

「変容」に着目する。その「変容」の見取り図は大まかに、１９９０年代以降の日本社会の変動が労働のあり方を変え、貧困が再び社会問題となり、そのような変化を背景に、家族・学校・職場に支えられた「子ども→若者→大人」という従来の成長のモデルが成り立ちにくくなっている、と描くことができる。つまり「若者」や「大人」が曖昧になっている（表1）。と同時に、従来必要ないと考えられてきた公的な若者支援も求められる状況になっている。そこで後半では、若者固有の課題として捉えうる「移行過程の失調の問題として主題化される若者問題」に焦点をあて、若者支援の現状について論じ、最後に、筆者の行ってきた最低賃金引き上げの運動に引きつけて「社会をつくる」という点について考えを述べたい。

2　戦後の生活・人生を支えてきたシステムの「変容」

日本社会において貧困がなくなった時代はなかったと考えられるが、現在の貧困および貧困をめぐる議論に、１９９０年代以降の日本社会の変化が大きく影響していることは衆目の一致するところであろう。その変化については、戦後に形成されたシステムやモデル（たとえば「戦後的青年期」（乾 2000）、「戦後日本型循環モデル」（本田 2009）、「日本型生活保障システム」（宮本 2009）、「一九六〇年代型日本システム」（遠藤 2014）など）の解体や崩壊といった観点から分析されてきた。そこで提示されたシステムやモデルは、現状を把握する際に参考になる。一方、現状で「日本的雇用システム」は解体していないとする議論もあり（高橋 2017）、筆者も「解体」ではなく「変容」と捉えるべきではないかと考える。そして、支援や政策もそのような「変容」した状況の影響を強く受けているというのが、本章全体を貫く視点である。

まず先行研究を参照して、戦後に形成されたシステムを概観していく。主なアクターは家族と学校と企業であり、それぞれが相互補完的な関係にある。家族は、正社員の父と専業主婦かパート労働者の母、そして未成年の子どもで構成される核家族であり、企業は、住宅や子育て・教育にかかる費用を男性が稼げるような賃金体系（「年功賃金」）と安定した雇用（いわゆる「終身雇用」）を約束する。その代わり、父親は「会社人間」という言葉が生まれるほど企業のために働き、女性は雇用の調整弁として早期退職したりパート労働者として働いたりして、家事・育児の責任を負うことが期待されてきた。

学校は、受験や校則、内申書や学校推薦などで生徒を管理し、企業の求める人材を安定的に供給する役目を果たし、学校から職場への「間断のない移行」（新卒一括採用・就職）を支えてきた。このような「子供から大人への移行」の社会的ルートを、乾彰夫は「戦後的青年期」と名付けた（乾 2000）。「戦後的青年期」とは、「学校化」された青年期前半と「企業社会」化された青年期後半を「新規学卒就職」慣行が結びつけるものである。同時期に成立した西ヨーロッパの青年期と比較して、学校以外の公的制度（公的職業訓練や失業手当などの公的扶助等）の関与が少なく競争的であった。日本が、欧米諸国に比べて、オイルショック以降に若年失業者の増加に苦しむことがなかった要因も、「就職」を軸とする「学校から職場への移行」がうまく機能したことにあったと言われている。

このようなライフコースのあり方を端的に表しているのが、「賃金構造基本統計調査」が明らかにする企業規模、性、年齢階級別の賃金の格差である（図1–1、図1–2、図1–3）。能力評価を含みながらも、入社から壮年期にかけて賃金が上がっていくことが年功賃金であるが、大きな賃金上昇が生じるかは、企業規模、性別で違いがある。大きく上がるのは大企業に勤める男性正社員である。企業規模で格差がある

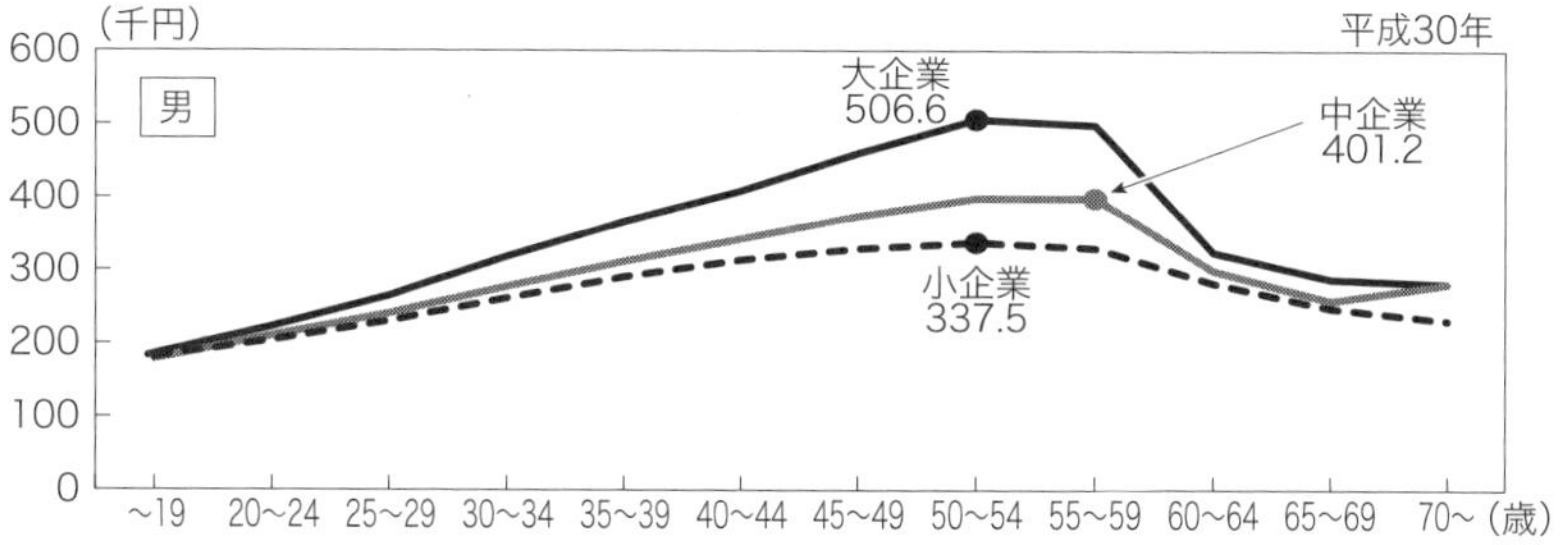

図 1-1　企業規模、性、年齢階級別賃金（男性）

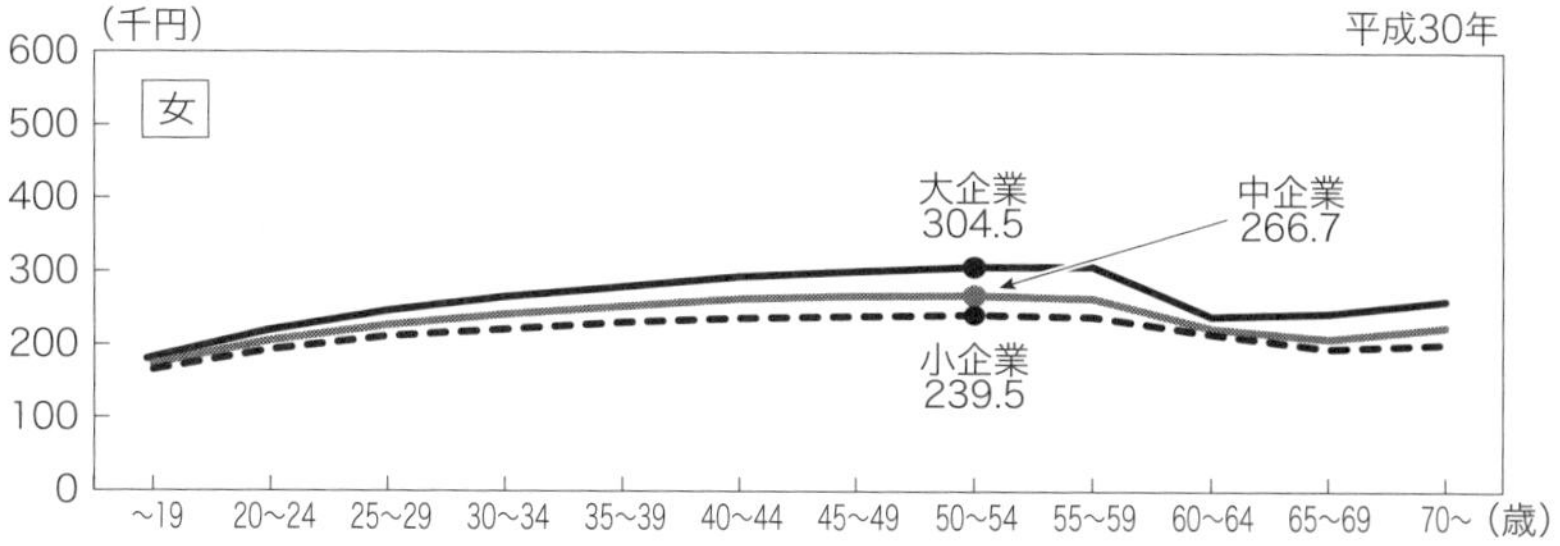

図 1-2　企業規模、性、年齢階級別賃金（女性）

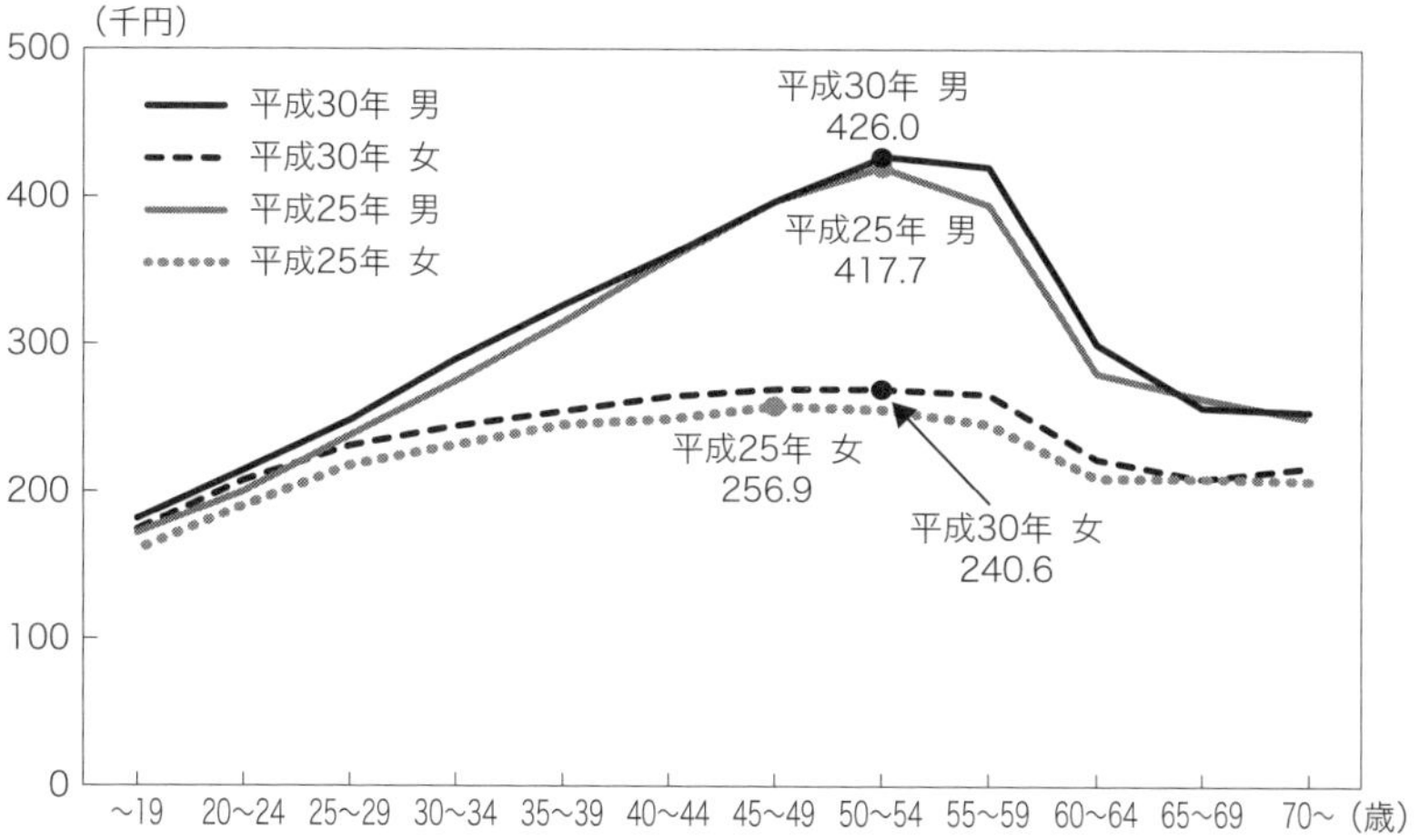

図 1-3　性、年齢階級別賃金

出所：「平成30年賃金構造基本統計調査　結果の概況」の「第4図」と「第2図」より

ため、「いい学校に入って、いい会社に入る」といった教育言説ができあがり、教育をめぐる親と子どもの行動を強く規定してきた。また男女間の差も大きく、女性差別として長年に渡って問題視されてきた。遠藤公嗣は、「一九六〇年代型日本システム」は「女性と非正規労働者への差別を内包」しており、持続可能性がないと論じる（遠藤 2014: 118-9）。このことは「大人になること」が曖昧になった状況に対して、従来のシステムや「大人」像の回復を目指すべきかという問題を提起している。

遠藤らの議論が、主に雇用慣行に焦点をあてたものだったのに対して、社会保障や税制を含めたモデルを提示したのが宮本太郎である（宮本 2009）。宮本は日本型生活保障の特徴を以下のように説明する。まず社会保障・福祉分野の支出がＯＥＣＤの中でも低かったが、雇用の保障によって格差が相対的に抑制されてきた。また現役世代の生活保障が雇用と家族に委ねられたため、社会保障支出が年金や遺族関連、高齢者医療などに集中し、住宅や教育への公的支援など現役世代に対する支援が手薄であった。その結果、父・夫の稼ぎだけでは足りない分を、妻・母はパート労働者、子どもはアルバイトとして働き、家計を補助する必要があった。しかし税制や社会保険は男性が稼ぎ主であることを前提に設計されているため、その時給や労働時間は低く抑えられ、非正規労働市場の低賃金構造が作られてしまった。それが現在の貧困の広がりの背景にあるという。

１９９０年代以降に広がりを見せた格差や貧困の原因として、従来のシステムが「解体」したという指摘もあるが、実態として「解体」は起こっていないようである。日本的雇用システムの変化と今後の展望についてまとめた『日本的雇用システムのゆくえ』によると、「正社員」が減少し日本的雇用システムの「成員」の範囲は縮小したが、製造大企業を中心にシステムは維持されている（高橋 2017）。その中で「現在の若者のキャリアにおいて指摘される様々な課題は、日本的雇用システムのゆらぎではなく、日本的雇用システムに包摂される若者が減少してしまったことに主に起因している」と堀有喜衣は論じている（堀 2017）。つまりシステムは縮小したが厳然として残存しているのである。「間断のない移行」を果たす「システムに包摂される若者」とそうでないものとに分かれ、残存するシステムの陰画としての負担・不利が、より大きく後者にのしかかる状況になっている。一方、「就活」や資格取得に追われる学生に象徴されるような、「包摂」されることを目指す競争も熾烈さを増している。解体や崩壊と表現すると、システムの変化の影響が一様に現れるように感じられるが、実態はそうではない。それが「変容」という表現を用いる理由である。

3　非正規雇用と過酷な労働環境の広がり

次に、学校から職場への「間断のない移行」の縮小について、実態を見ていきたい。堀によると、高卒者の場合、「1986年〜1990年卒」では男性の82・6％、女性の72・7％が学卒後に初職で正社員に就いていたが、「2001年〜2005年」には男性62・6％、女性45・8％まで減少した。大卒者においても、男性の場合「1986年〜1990年卒」の9割から「2010年〜2012年卒」の7割ほどへと減少している。大卒女性は「1986年〜1990年卒」から「2010年〜2012年卒」にかけて8割から7割の間を上下しており、減少一辺倒ではなかった。このことは新卒労働市場における大卒女性の位置付けが変化したことをうかがわせる（堀 2017: 100-1）。しかし全体として、「間断のない移行」

のシェアが下がり続けていることは明らかであり、20～30代の雇用者（会社などの役員を除く）のうち3割ほどが非正規労働者という状況が続いている。

男性の場合、非正規雇用で働き始めたものも徐々に正規雇用に移行していく傾向が見られるが、女性の場合、非正規のままという傾向が強い。たとえば「非正規雇用で働くシングルの（子のいない）35歳から54歳の女性」を対象にした調査（小杉ほか編 2017）によると、特に若い世代（35～39歳）ほど「初職から非正規」が多いという（70・5％。「45～54歳」では30・9％）。また「労働力調査」によると、35～44歳の非正規雇用に就くシングル女性の学歴構成は、正社員より非正社員のほうが、非正社員の中では配偶者がいないシングルの人のほうが高卒までの学歴の人が多い。彼女たちは正規並みの労働時間で働いているにもかかわらず、時給が低いため低収入で、7割が年収250万円未満、約3割が貧困線にある（「厚生労働省の『平成25年度国民生活基礎調査の概要』によると、「平成24年の貧困線（等価可処分所得の中央値の半分）は122万円（名目値）」（小杉ほか編 2017: 72)）。さらに、そこから家賃や光熱費、そして（主婦との格差がある）税金と社会保険料を払わなければならず、貯金ができないので、いつ仕事を失うか、いつ病気になって働けなくなるかという不安を抱えながら生きている。女性の場合、正社員を含めても賃金が上昇しないことは図1－3で見た通りであり、ここに見られる差別的低賃金は、システムの解体によって生じているものではなく、残存する男性稼ぎ主モデルによるものと考えられる。『シングル女性の貧困』においても「旧来の日本の社会構造を変えずに、何らかの支援プログラムを実施しただけでは、根本的な課題解決にはつながらない」（小杉ほか編 2017: 250）と論じられている。

しかし男性であっても、非正規労働者のまま働き続けるものはもちろん、正規雇用で働くものにおいても低賃金化は進んでいる。後藤道夫によると、2017年において、最低賃金（全国加重平均848円）

の三割増し未満で働く男性非正規労働者は32・2%（2007年は15・0%）で正規は5・6%（2007年は1・9%）、最賃が958円と一番高い東京都限定では、それぞれ21・8%から48・7%、3・0%から12・0%と大幅に増えている。また、1997年から2017年にかけて、年収300万円未満と400万円未満の男性正規労働者が増加し、500万円以上の男性正規労働者は減少している。しかも、長時間かつ低賃金のグループと高賃金グループの間の時間給の差は拡大し、25～34歳の若い働き盛りの年齢層で低賃金化が長時間労働を誘発してもいるという（後藤 2018: 19-21）。収入の額を見れば貧困とは言えないものもいるが、「稼ぎ主」としての役割を依然として期待される社会において、男性労働者にかかるプレッシャーも強まっていると考えられる。

さらに仕事をして暮らしていくことを難しくしている要因が、過酷な労働環境である。異常な働かせ方をさせる企業を指す「ブラック企業」という言葉は、今や日常語として定着している（今野 2012）。低賃金で長時間働かせるだけではなく、ハラスメントが蔓延し、人格を支配し破壊するかのような「労務管理」「退職強要」が行われる職場で、心身にダメージを負う労働者が後を絶たない。そのような企業を辞めた人の中には、すぐには働けないものも出てくる。仕事をしなければ暮らしていけないと思われている中、仕事そのものに暮らしが破壊されるリスクが潜んでいるのが、現在の労働環境の特徴と言える。

それでは、なぜ劣悪な環境で体を壊すまで働くのであろうか。ここにも、残存するシステムの影響を見て取ることができる。まず前節でも述べたように、これまで日本では、現役世代の生活保障が雇用と家族に委ねられてきたため、住宅や教育への公的支援、十分な所得を得られなくなった際の所得保障制度は乏しいままである。つまり他国にあるような住宅補助がなく、低所得者であっても家賃を支払わなければならない。また給付型奨学金も充実していないため、奨学金とは名ばかりの多額の学生ローンを返済し続ける必要がある。そして所得保障制度、つまり失業保険、失業扶助（日本では職業訓練受講給付金）、社会扶助（生活保護）も脆弱で（樋口 2015）、これも就労への強い圧力となっている。

次に、仕事に対する「滅私奉公」的な姿勢を若者に持たせる効果が年功賃金にはあり、それを「ブラック企業」は利用しているという説明がある。年功賃金は、若い時期に相対的に低い賃金で働いた分を、40～50代で取り戻すという点で「後払い賃金制度」（佐口 2018: 38）とも呼ばれる。そのような先々の保障があるから「会社の命令に従って際限なく働く」という「一種の取引」が成立していたが、「ブラック企業」は見返りもなく「滅私奉公」的な労働意欲だけを引き出し、若者を使い捨てていると濱口桂一郎は論じる（濱口 2013: 220-1）。客観的に見れば日本的雇用システムの「成員」の範囲は縮小しているが、見返りのある「正社員」なのかそうでないのか、見分けはつきにくい。熊沢誠の議論を引き継いで濱口が論じるように、「ノンエリート労働者」「幹部候補ではない正社員」が「自立」できる社会を作っていくことが求められている。

4　多様な困難を抱えた若者と社会的排除

これまでは、仕事をして暮らす若者を取り巻く困難について見てきた。一方、２０００年代以降の「若者の貧困」をめぐる議論の特徴は、公的な若者支援が始まり、様々な理由から働くことが難しい若者にも焦点が当てられるようになったことである。従来のように、家族・学校・職場の三者に任せておけば大人になっていくという状況ではなくなったからである。そして支援と調査により、「移行」や「自立」ができていない若者が、多様な困難とリスクを抱えていることが分かってきた。そこでどのような人々が困難・不利な状況に陥りやすいか、子ども期の状況はどのように影響するのか、社会的排除という概念を用いて議論されてきたことを簡単に見ていきたい。

内閣府のプロジェクトの中で結成された社会的排除リスク調査チームは、社会的排除（social exclusion）を「物質的・金銭的欠如のみならず、居住、教育、保健、社会サービス、就労などの多次元の領域において個人が排除され、社会的交流や社会参加さえも阻まれ、徐々に社会の周縁に追いやられていくこと」と定義し、社会への包摂（inclusion）を目指すとしている（社会的排除リスク調査チーム 2012）。そして、「状態」を表す貧困に対して、社会的排除は「排除されていくメカニズムまたはプロセスに着目する」点で異なると整理し、若年層（18歳から39歳）の事例をもとに社会的排除に陥りやすいプロセスの分析を行った。その結果明らかになった「社会的排除への決定打（キー・リスク）」を、それが起こったライフ・ステージと場所によって、第1類型「本人の知的・発達障害など」、第2類型「家庭環境の問題」、第3類型「学校や職場の環境の問題」の三つに分類している。

第1類型にあたる人々は、本人の障害のため早い時期から排除が生じ、いじめ・失業などもあって生活困窮や孤立に陥っている。第2類型にあたる人々は、家庭の経済力を背景とする子ども期の貧困、児童虐待や親の精神疾患・自殺・早すぎる離家などが学力低下・不登校・失業につながるというように、だんだんと排除されていく。第3類型にあたる人々は、学校でのいじめや不安定就労などの影響で働けなくなり排除されるというように、比較的遅い時期に問題が表出すると分析されている（宮本 2015b）。

このように、就労困難による貧困という結果のみならず、その過程を見ることで、子ども期からの複合的な要因によって、多様な困難を抱えた若者が働くことが難しい状態になってしまっていることが分かってきた。そして社会的排除を防ぐという共通の目的のもとで政策を考え、また支援のタイミングについて見極めることができるようになったと言える。

5　若者支援政策の現状と課題

次に、2000年代に入ってからの日本の若者支援政策の展開を、南出吉祥の論文（南出 2012）を参照してまとめたい。まず南出は、2003年6月に「若者自立・挑戦プラン」が取りまとめられてから2011年までの若者支援の動向を、「（1）「若者支援」創成期――若者自立・挑戦プラン（2003～）」「（2）包括的支援への拡張期――地域若者サポートステーション事業（2006～）」「制度・政策乱立期――緊急雇用対策事業（2009～）」の三つの期間に分けて整理している。それによると、「若者支援」創成期は、日本で初めての省庁を横断した本格的な若者政策である「若者自立・挑戦プラン」が始まり、「関係者ですらその全体像が把握しがたいほど」様々な施策が進められた時期であった。その特徴はプラン名にもあるように「自立」であり、労働供給側である若者に働きかけ、「エンプロイアビリティ」（雇われる能力）を高めようとするものであった。それに対して南出は、問題の原因の筆頭に「需要不足」を挙げながら需要側である企業への施策は「トライアル雇用」の創設のみで、その他の施策はすべて供給側の若者個人に向けたものであったこと、若年非正規労働者対策である「プラン」開始と同時期に派遣労働を原則自由化する法改正が行われたことなど、矛盾した内容であったと指摘する。

次の「包括的支援への拡張期」(2006〜)は、地域若者サポートステーション事業(サポステ)に代表されるように、重心が「フリーターより無業者層」へと移り、「多様な困難を抱える若者たちへの包括的支援に着手していった時期」であった(南出 2012: 120)。その背景には、前述した2004年より急速に広まった「ニート」言説があった。宮本みち子は、「ニート」に関する言説と実態とのズレについて、主唱者である玄田有史が社会の高まる関心に対して拙速な対応をしてしまったからではないかと分析している。

ニート問題は無業という状態を表すニュートラルな概念の範囲を超えて、そのような状態に陥った動機(意欲)にまで踏み込んで問題にされたのである。その前年、玄田は、統計データの分析の中で、ニートが低所得家庭に多く、低学歴者に多いという重要な指摘をしていた(玄田 2004)。にもかかわらず、その問題を掘り下げることなく〝意欲〟問題へと飛躍しているのは、ニートという概念のあいまいさから、正体不明の若者たちに対する世間の通俗的な興味と推測が生じ、それを受けたマスメディアの問いに応えようと拙速に対応した結果ではなかったかと思われる。(宮本 2015a: 208)

「ニート」に対する異様なバッシングと揶揄《やゆ》が繰り広げられる中、本田由紀と堀田聰子は、統計の分析によってその実像に迫ろうとした(本田・堀田 2006)。2人はニートを「求職型」「非求職型」「非希望型」の三類型に分け、さらに「非求職型」と「非希望型」のうち「特に何もしていない」者を「非活動型」と呼び、分析をしている。それによると、「ニート」を不活発な若者として捉えるイメージに反して、一時的なものも含む様々な生活上の理由により無業状態にある者が多数を占めるという。しかし3分の1程度を占める「非活動型」は、親との離死別経験や親子関係の質的なあり方、学歴や中退などの教育上の履歴、離学直後に「特に何もしていない」などのマイナスの経験を経ている者が比較的多く、その結果、社会への関心などが形成されにくい結果になっている。一方、若者自立塾やサポステを訪れた当事者に対する調査（社会経済生産性本部 2007）によると、全体の37・1％が不登校を経験し、55・0％が「学校でいじめられた」経験をもつ。また全体の半数弱が「ひきこもり」（49・5％）、「精神科又は心療内科で治療を受けた」（49・5％）経験がある。ニート、特に非活動的な層の実態は、子ども期からの不利が重なった「若者のなかのもっとも恵まれない層」（宮本 2015a: 209）に近いと考えられる。

また同時期に、不登校や引きこもりなど就労・社会参加に困難を抱える若者への支援を以前より各地域で行ってきた団体などのネットワーク化が進んだ。これを南出は「第二期の一番の特徴」として挙げる。そして対象とする課題の領域が広がったことによって、「職業的自立」に特化していた「自立」観を見直し、地域の多様な支援機関を活用しながら多様な自立を目指す動きが起こる。これらの支援動向が集約され、2010年の「子ども・若者育成支援推進法」に明文化された。しかし一方、「職業的自立にとどまらない課題」に取り組むために始められたサポステも、職業能力開発局に所管されたためか、「〈職業的自立のための包括的支援・個別対応〉」に一元化され「自立の多様性」は外れ、「就労率」などの数値目標が課せられるようになった。そして国からの予算が限られることと相まって、財政難と基盤の不安定さが課題となっている（南出 2012: 121）。

最後の「制度・政策乱立期」（2009〜）は、「ダイレクトに「貧困」が社会の注目するところとなった」点に特徴がある（南出 2012: 123）。2000年代後半は、「日雇い派遣」や「ネットカフェ難民」「年越し派遣村」といった社会現象によって、働いていても貧困で生活基盤が脆弱だという人が多くいることがあらわになった時期である。特に「100年に一度」と言われたリーマン・ショック以降の経済的混乱を受け、民主党への政権交代もあり、政府も従来にない対応をすることとなった。たとえば、非正規労働者が適用を受けやすくするために雇用保険法が改正され、雇用保険制度（第1層）と生活保護制度（第3層）の間に第2層となるセーフティネット（「緊急人材育成支援基金」による事業。2011年10月1日から「求職者支援制度」）が構築されるなどした（濱口 2018: 180）。また2009年に「子ども・若者育成支援推進法」が成立し（施行は10年）、これを宮本みち子は「包括的若者政策というコンセプトへの到達」と評価している（宮本 2015a: 214）。そして2010年10月には、「個別的かつ包括的」な支援の仕組みを全年齢に広げる「パーソナル・サポート・サービス」が始まり、これは2015年に施行された生活困窮者自立支援法につながっていく。

このように日本の若者支援政策は、15年ほどで、非正規労働者・無業者の職業的自立を促すものから、第二のセーフティネットを構築しながら、困難を抱えた多様な層に対する個別的で包括的な支援を目指すものへと変化してきたと捉えられる。またその過程で、フリーター、ニートに始まり、不登校、中退、引きこもり、障害、社会的養護、生活保護、子どもの貧困など多様なテーマと結びつき、支援の内容と対象者を広げてきた。その中には、労働市場から排除されやすく、賃金を補う多様な所得保障が求められる人々も多くおり、支援の質的・量的な充実が求められている（『若者政策提案・検討委員会』委員 2015）。一方、職業的自立を目指す就労支援という当初の枠組みは強固に残っているものの、「大人になること」が曖昧になってしまった現状において、ゴールとする「自立」のあり方も描きづらくなっているようである。しかしこれは「若者支援」に関わる人々だけではなく社会全体の課題である。

6　社会をつくる——おわりにかえて

最後に「社会をつくる」という点について考えを述べたい。筆者は最低賃金を１５００円に引き上げることを求める「ＡＥＱＵＩＴＡＳ（エキタス）」というグループの一員として活動している（厳密には「ＡＥＱＵＩＴＡＳ ＫＹＯＴＯ（エキタス京都）」の一員であり、下記の見解は個人的なものである）。１５００円の根拠となっているのが、中澤秀一が各地の労働組合の協力を得て行ってきた最低生計費調査の結果である。それによると、おおよそどの地域であっても25歳の単身者が自立した生活を送ろうとした場合に、月収22～24万円ほど必要であるという（中澤 2018）。年収に換算するとおおよそ２９０万円であり、この額を、ワーク・ライフ・バランスの実現できると考えられる労働時間、つまり月１５０時間働いて得ようとすると、時給は１５００円程度でなければならない。これとアメリカの最賃15ドルを目指す運動「Fight for 15」を参考にして「最低賃金を１５００円に」と訴えてきた。

フリーターの印象が強く、非正規労働者というと「若者」という印象があるが、長年中高年女性が最も多く、近年は高齢者で急増している。また、自営業者から非正規労働者に転じるものも多い。雇用労働者の増加が進む一方で、雇用の不安定化、低賃金化も進んでおり、雇用の立て直しが急務となっている。この間の運動により、有期雇用契約が5年を超えて更新された場合に無期転換できるようになったことや、同一労働同一賃金のルールが整備されてきたことは大きな成果である。しかし、低賃金化に歯止めがかかっていないことは深刻な問題を生み出している。たとえば戸室健作が明らかにしたように、最低賃金水準が低い地域ほど子どもの貧困率が高いという（戸室 2018）。ワーキングプアとして働く親の賃金が最賃の水準に規定されているからであり、また現在の賃金構造が変わらない限り、今の子どもの多くもワーキングプアになると予想される。

ではどうするか。あまり注目されていないが、最賃引き上げは、賃金の引き上げという量的な変化だけでなく、年功賃金も含め低賃金に依存してきた日本社会の構造的変化を促す可能性がある（橋口 2017; 佐口 2018: 178）。歴史的に、年功賃金の上昇するカーブを生み出すために初任給は低く抑えられ、最低賃金も初任給に影響を与えない水準に抑えられてきた。「年功賃金は日本における低賃金政策の結果である」という指摘もある（連合総合生活開発研究所 2012: 13）。つまり一定以上の最賃引き上げと年功賃金を両立させることは難しく、様々な経済的要因から政労使が最賃引き上げで足並みをそろえ始めた状況において、残存する戦後の雇用・生活保障システムは包括的でシステマティックな見直しを迫られると考えられる。筆者は、その先に、たとえば遠藤公嗣の提唱する「職務基準型雇用慣行」と「多様な家族構造」を組み合わせた「新しい社会システム」（遠藤 2014）の到来を展望している。

「職務基準型雇用慣行」とは、雇用契約で職務（ジョブ）の内容を明確に定め、労働者はその範囲内での労働にのみ従事するものであり、多くの国で普通に見られるものである。その慣行のもとでは、職務を基準に時間単位で労働投入量を調整することができるため、労働者は短時間雇用や雇用中断が実施しやすくなる。「これは、育児や介護に、また不況時のワークシェアリングに重要な利点」（遠藤 2014: 146）であり、ひとり親世帯の増加など多様化する家族構造、女性労働者と外国人労働者の能力活用と相性がいい。それに対して従来の日本的雇用慣行は、会社のメンバーシップを得る一種の地位設定契約があり、従事する仕事は「入社」後に使用者の命令で決まり、変更もされる点に本質があった（濱口 2009）。会社のメンバーである「正社員」は、家族と離れ離れになることすらある転勤を断れないなどの「無限定」な働き方を受け入れる代わりに、安定した雇用と上昇する賃金を手に入れた。それは戦後日本社会に経済成長と生活の安定をもたらしたという点で一定の経済的合理性があったが、その対象が男性に限られてきたという点で差別的であった。そして近年はメンバーの範囲が縮小し、そこに包摂されない多くの人々に貧困が広がるなどの問題を生み出してきた。包摂されている「正社員」も、ワーク・ライフ・バランスの問題を抱えている。そこで「職務基準型雇用慣行」と「多様な家族構造」を組み合わせた「新しい社会システム」が、一つの将来像として求められているのである。政府も「ジョブ型正社員」の導入・普及を進めるようになっている。本章で見たように、従来のシステムは学校や社会保障とも深く結びついて成り立ってきたものなので、取り組むべき課題は多い。しかし「職務基準型雇用慣行」を目指すことは、「旧来の日本の社会構造」（小杉ほか編 2017: 250）を変え、「社会をつくる」ことにつながると考えている。

引用・参考文献

浅野智彦（2016）「若者の溶解と若者論」川崎賢一・浅野智彦編『〈若者〉の溶解』勁草書房、207～232頁
遠藤公嗣（2014）『これからの賃金』旬報社
後藤道夫（2018）「日本の最低賃金は、なぜこれほど低いのか？」後藤道夫・中澤秀一・木下武男・今野晴貴編『最低賃金1500円がつくる仕事と暮らし――「雇用破壊」を乗り越える』大月書店、10～23頁
濱口桂一郎（2009）『新しい労働社会――雇用システムの再構築へ』岩波新書
濱口桂一郎（2013）『若者と労働――「入社」の仕組みから解きほぐす』中公新書ラクレ
濱口桂一郎（2018）『日本の労働法政策』労働政策研究・研修機構

橋口昌治（2017）「路上（アウトサイド）と職場（インサイド）――最賃引き上げ運動の現状と展望」『市政研究』第194号、34～42頁
樋口明彦（2015）「若者における所得保障と雇用サービスの国際比較――日本・オランダ・オーストラリア・イギリス・フィンランド」宮本みち子編『すべての若者が生きられる未来を――家族・教育・仕事からの排除に抗して』岩波書店、205～237頁
本田由紀（2009）『教育の職業的意義――若者、学校、社会をつなぐ』ちくま新書
本田由紀・堀田聰子（2006）「若年無業者の実像――経歴・スキル・意識」『日本労働研究雑誌』556、92～105頁
堀有喜衣（2017）「若者のキャリア――学校と職業への移行における変化」労働政策研究・研修機構編『日本的雇用システムのゆくえ』95～114頁
乾彰夫（2000）「『戦後的青年期』の解体――青年期研究の今日的課題」『教育』2000年3月号、15～22頁
今野晴貴（2012）『ブラック企業――日本を食いつぶす妖怪』文春新書
小杉礼子・鈴木晶子・野依智子・（公財）横浜市男女共同参画推進協会編（2017）『シングル女性の貧困――非正規職女性の仕事・暮らしと社会的支援』明石書店
南出吉祥（2012）「若者支援関連施策の動向と課題――「若者自立・挑戦プラン」以降の8年間」『岐阜大学地域科学部研究報告』30、117～133頁
宮本太郎（2009）『生活保障――排除しない社会へ』岩波新書
宮本みち子（2015a）「若者の移行期政策と社会学の可能性――「フリーター」「ニート」から「社会的排除」へ」『社会学評論』66（2）、204～223頁
宮本みち子（2015b）「移行期の若者たちのいま」宮本みち子編『すべての若者が生きられる未来を――家族・教育・仕事からの排除に抗して』岩波書店、1～32頁
中澤秀一（2018）「「ふつうの暮らし」がわかる――生計費調査と最低賃金」後藤道夫・中澤秀一・木下武男・今野晴貴編『最低賃金1500円がつくる仕事と暮らし――「雇用破壊」を乗り越える』大月書店、28～41頁
仁平典宏（2015）「融解する若者論――〈3・11〉以後の社会的条件との関連で」『学術の動向』226、33～39頁
連合総合生活開発研究所（2012）『日本の賃金―歴史と展望―調査報告書』
佐口和郎（2018）『雇用システム論』有斐閣
社会経済生産性本部（2007）『ニートの状態にある若年者の実態及び支援策に関する調査報告書』

社会的排除リスク調査チーム（2012）『社会的排除にいたるプロセス若年ケース・スタディから見る排除の過程』
高橋康二（2017）「総論——基礎的指標による日本的雇用システムの概観」労働政策研究・研修機構編『日本的雇用システムのゆくえ』20〜94頁
戸室健作（2018）「子どもの貧困から見た地域格差と最賃格差」後藤道夫・中澤秀一・木下武男・今野晴貴編『最低賃金1500円がつくる仕事と暮らし——「雇用破壊」を乗り越える』大月書店、26〜27頁
『若者政策提案・検討委員会』委員（2015）『若者政策提案書——若者が未来社会をつくるために』認定NPO法人ビッグイシュー基金

第3章

家族にまつわる不利と不平等

──依存できない家族の中で大人になる

…谷口由希子

1　若者を取り巻く社会状況と家族の関係

本章では、貧困にある子どもが経験する家族にまつわる不利と不平等を出発点にして、それを背負いながら「大人になること」を議論の射程とする。そのうえで、大人になる過程においてどのような「条件」があれば自分の人生をつくる主体になることができるのかを構想したい。筆者は、これまでの研究において、貧困が貧困を生み出す社会構造を問題視し、子ども期を保障し発達を支える制度・実践として社会的養護（とりわけ児童養護施設）を位置づけることを貫く研究関心としてきた。社会構造がもたらす不利と不平等は、子どもに直接的に降りかかるというよりは、ほとんどの場合において家族を媒介する。家族を通して子どもに不利と不平等を及ぼすからこそ、それはしばしば家族の問題や「問題家族」として社会的な眼差しを向けられることがある。しかし、こうした「問題」は、社会保障や社会的な援助が家族に行き届いていない社会的な課題として捉えられよう。すでに多くの先行研究で明らかにされてきているところだが、子どもや若者のシティズンシップが剝奪された状態は、主に家族によって代替されてきた（青木編2003；松本編 2010；2013他）。ここでは、若者を取り巻く社会状況について確認した後、そこに家族がどのように関わっているのかを考える。主体としての若者が、構造的な不平等をとおして、さらに家族にまつわる事情ゆえ選択肢自体が限られていることを問題意識として提示する。

（1）若者を取り巻く社会状況

ニューマンは、非正規雇用をはじめ、安定した雇用に就くことができず、親元で暮らすことを余儀なくされている若者とその家族の様相をアコーディオンにたとえ、「アコーディオン・ファミリー」と名づけている。家族は「アコーディオンのように蛇腹を広げて戻ってきた子どもを受け入れ、子どもが出ていくと今度はぎゅっと縮む。不況の中、親元から巣立つことが難しく、そのリスクも大きいため、家族はアコーディオンのように何度も伸び縮みを繰り返さなければならない」（ニューマン 2012＝2013：v）ことを指摘する。ただ、ここでいう「アコーディオン・ファミリー」は、ミドルクラスの若者と家族の生き残り戦略であり、いわゆる「標準的な家族像」が想定されている（ibid：291－294）。

しかしながら、若者を取り巻く家族の状況は多様である。家族の中には伸縮する蛇腹やアコーディオンそのものがなく、そこで子ども時代を過ごした若者も一定数存在することを看過してはならない。家族依存の社会構造ゆえに、こうした若者たちは社会から周縁化され、その不利や不平等の構造がより見えにくくなっているという特徴がある。本章では、家族に包摂されない、家族依存の社会構造ゆえに子ども期から負荷を背負わされている子どもと若者に焦点を当てる。

本巻第2章では若者が「支援の対象」とされてきた経緯が述べられているが、1990年代後半の「パラサイトシングル」論に代表される若者バッシング以降、若者を取り巻く社会状況は幾分変化し、とりわけ2000年代以降には若者が支援の対象と認識されてきた。ただ、現在の若者支援施策は「自立」に力点があり、若者を取り巻くそもそもの環境的要因へのはたらきかけは依然として積み残された課題となっている。

地方における若者を取り巻く状況に目を向けると、都市部よりも地方圏はさらに厳しい。石井は、地方圏では「地縁・血縁ネットワークを頼りに、仕事と生活を成り立たせようと生活防衛的に集まっている」ことを明らかにしている（石井 2017：21）。この事実は、地方圏においては、地縁・血縁を頼ることができなければ生活が立ち行かないことを意味しており、したがって、地縁・血縁につまり家族に頼ることのできない若者は地方圏から出ていかざるを得ない状況にあることを示していると言えよう。

定位家族から巣立ち、若者が自身の家族を形成する側面では、どうであろうか。労働市場における若者を取り巻く状況は、非正規雇用や低賃金をはじめ、安定した生活を維持すること自体が厳しくなっている。また、正規雇用の職を得ることができたとしても、激しい企業内競争や役割を全うしようと仕事に向き合うあまり、過労死と隣り合わせになるような働き方をしていたり、「ブラック企業」と呼ばれる企業への従事もあるだろう。このように若者を取り巻く環境は結婚をはじめ、自らの家族を形成することが難しい背景があるにもかかわらず、行政はイベントを中心とした結婚支援の施策を展開している。この手のイベントは、主に地方圏の自治体を中心に行われていたが、２０１７年3月には東京都でも「ＴＯＫＹＯ縁結日２０１７」という事業名において婚活イベントを実施し、翌年には、結婚に向けた機運醸成のための動画を作成している▼1。

若者を取り巻く状況は不安定な雇用状況をはじめとして、家族を形成するそもそもの困難さがある。さらに言及すると、自分の人生を生きる主体である若者が家族を形成することに意義を見出すことのできる状況にあるだろうか。家族形成の積極的なメリットが見出せないばかりか、家事分担の不平等や「ワンオペ育児」をはじめ、女性が再生産労働の主軸とされるジェンダー化された家族やケアが社会化されていない状況の中では、むしろ結婚することや家族が増えることそのものがリスクとなることもある。

このように家族を形成すること自体に難しさを伴う中、一方で若者たちの中には、戦略的にパートナーを得ようとする人もいる。それは、ロマンチック・ラブ（Shorter, E 1975=1987）に基づきつつ、さらに互いの収入を合わせ、家賃や光熱費といった固定費を分担することで、二人暮らしのほうが生活コストを低く抑えられるといった利点を伴うことも大きな要因となっている。ただ、このような理由のほかにも、本章3節で述べるが、定位家族から脱け出す口実として、生殖家族として自らの家族を形成する場合もある。自ら定位家族からの離脱を希望する背景には、その理由相当の家族と若者が抱える折り重なる困難がある。述べてきたように家族形成や結婚すること自体が難しくなっているが、さらに結婚するには準備と相当な戦略が必要であること、また「結婚は生活の安定をもたらすゴールというわけでもない」ことは先行研究によって明らかにされている（杉田 2015：196–197）。

これらの前提のもとに、子ども期に背負う不利や不平等が、大人になること、そして大人として生きることをさらに困難にさせている。本章で扱うテーマである「家族にまつわる不利や不平等」そして「家族に依存できない若者」とは、一人ひとりの折り重なる困難があり、どれも「典型」と位置づけられるような像があるわけではない。筆者はこれまで家族にまつわる不利や不平等ゆえに多くの困難に直面し、そのたびに生きる希望や自尊心を傷つけられ、大きく言えば子ども期に子どもらしくあることを奪われた子どもたちに出会ってきた。

家族の貧困に伴い、中学卒業後に働く子ども、高校生時代から家計への援助を目的としてアルバイトをしている子ども。家計への負担を考えて高校や大学への進学をあきらめてしまう子ども。あるいは、進学しても奨学金の返済により自身の生活を維持することがギリギリの状態になるほど逼迫する子ども。他にも、家族にまつわる困難として、家族内に介護を要する人や病気で療養を要する人がいる子ども。面前DVを含む被虐待の経験がある子ども。アルコールやギャンブル等の依存症の家族がいる子ども。機能不全家族で育ってきた子ども……。

これらの子ども一人ひとりが直面する困難の様相はあるが、共通して言えることは、子ども時代から「大人になる過程」においても、家族が抱える困難さやそれに伴う不利、その基盤にある構造的な不平等のもとで、子どもたちは子ども時代にすでに「負債」を抱えながら、大人になっていくことである。

（2）家族にまつわる事情ゆえ選択できない

さらに彼ら彼女らが大人になる過程では、家族にまつわる事情ゆえ選択できなかった場面に遭遇したり、描いた希望をあきらめざるを得なかったこと、選択肢自体が与えられてこなかったこともある。それは、大学等に進学したい、留学がしたいというように家計への負担を伴う経済的コストこそかかるものの自らの幅を広げ、文化資本になりうるものからの撤退だけにはとどまらない。学校生活や社会生活におけるより日常的な場面にも幾度となく出現している。例えば、友達と買い物に出かける、映画を観に行く、カラオケに行く、タピオカドリンクを購入するために大行列に並ぶといったように同世代が日常的に当然のごとく経験している社会的・文化的な活動への参入もあきらめざるを得ない状況に追い込まれている。このような「経験からの排除」は、家族が抱える背景ゆえ、そうするより他なかった事情があるにもかかわらず、結果的には「個人の選択」として、彼ら彼女らが大人になる過程において重くのしかかってくる。日常的な経験からの排除が繰り返されることは、経験への参入が阻まれるだけではない。本来ならば、遊びや発達が保障され、主体が形成されていく子ども期が剝奪されながら、それでも自らの境遇を肯定的に捉えたいという思いも重ね、自らが自らを支えている。しかし、幾重にも折り重なる困難を前に、励まし、応援してくれる人や信頼できる大人の存在、そして社会制度がなければ、子どもはやがて諦念に達することもある。ただ家族の状況ゆえ、意志さえも剝奪されてしまう過程であろう。

子ども時代の貧困は、子ども一人ではなく、子どもの属する家族の貧困である。子どもの貧困は、家族の貧困であり、それは大人の貧困と切り離すかたちで、決して断絶を生み出してはならない。貧困の議論において、子どもが生まれ育つ家族は選択できないために子どもの貧困は「救済」の対象として、大人の貧困は自己責任が強調されることがある。本論では、こうした議論とは一線を画し、さらに子どもや若者の貧困を「未来への投資」として捉えるのではなく、「今を生きる子ども」という視点をとる。本シリーズ本第2巻『遊び・育ち・経験――子どもの世界を守る』では、「子どもの今」にこだわり、『いま』を大切にすることが、あくまで結果として、将来に/ライフチャンスに、つながっていく」ことを説明している（小西・川田 2019：343）。子どもは、生まれながらに権利をもっており、「子ども期」は社会全体で保障されるものである。

貧困の中で子どもたちが育ち、大人になるということは、何を意味しているのだろうか。この疑問は「貧困の中で生活した子どもが機会に『恵まれず』に大人になり、貧困が再生産された」という貧困の再生産の循環を危惧することに留まらない。また、「貧困が再生産される」のであれば、であるからこそ、子ども時代における早期支援や介入が必要であるという性急な結論を導き出すものでもない。「今を生きる子ども」すべてが本来保障されている子ども期を奪われ、家族にまつわる不利と不平等とそれゆえの負荷のもとで大人になる過程を考えるものである。リッジは、貧困と社会的排除の経験が子ども自身の認識にどのような影響を与え、子ども自らどのように解釈しているのか、さらに社会的・構造的にどう埋め込まれているのかについて、子ども中心に考察する「子ども中心」のアプローチから分析を試みている（リッジ 2002＝2010：13–14）。本章では、冒頭で述べた問題意識にはじまり、「今を生きる主体」としての時期を奪われた子どもや若者について述べていく。そして、どのような「条件」があれば、自分の人生をつくる主体となることができるのかについて考察したい。

2　依存できない家族

（1）依存できない家族とは

次に、「依存できない家族」について考えていこう。ここでいう「依存」とは、他者に寄りかかっている状態を指す概念として用いている。藤原によれば、人間は、誰もがその生涯において一定期間は依存の状態にあり、依存はあってはならない状態ではなく、誰もが経験することであり、人間存在としての基礎的な条件である（藤原 2017：46）。それにもかかわらず、依存者と依存労働者の存在が考慮されることなく近代市民社会ではシティズンシップ（市民権）が構成された▼2。家族は、子どもが生まれ育つ中で、依存の基盤となる。むしろ、社会構造が「依存できる家族」を前提としているため、依存できない家族にある子どもは、周縁化され子ども自身に困難が降りかかるという構造になる。

家族内においてこれまで女性の典型的な性役割とされた介護や育児等に代表されるケアは、その一部分が社会化されつつある。例えば介護の領域では、介護保険制度（１９９７年介護保険法成立、２０００年介護保険法施行）が、「高齢者の介護を社会全体で支えあう仕組み」として創設された。様々な課題はあるにしても、介護保険制度の成立によって介護の社会化が社会的な合意事項として浸透していった。子育て領域では、育児の公的支援自体が拡大している。保育所では一時保育や地域子育て支援機能が加わり、他にも病児保育、ファミリー・サポート・センター、放課後児童クラブ、子育て短期支援等がある。２０１２

年に成立した子ども・子育て支援新制度のガイドブックでは、「子ども・子育て支援新制度は、『量』と『質』の両面から子育てを社会全体で支えます。」と大きく記載されている。また、保育所における待機児童が顕在化しているものの、保育の受け皿は大きく拡大している。とりわけ待機児童が多い1・2歳児の保育利用率を見てみると2010年度は29・5%だったのが、2017年度には45・7%まで上昇している▼3。このように家族形態の変化や女性の就業率の上昇に伴って、まだまだ課題は多いにせよ、育児の社会化は広がりを見せている。

しかしながら、同じ子育ての領域でも何らかの事情で保護者とともに暮らすことのできない子どもたちが対象となる社会的養護は、育児の社会化として捉えられているであろうか。子ども虐待をはじめ、社会的養護に至る子どもたちの背景が明らかにされるほど、虐待した大人は激しくバッシングされる傾向にある。子ども虐待は、本来ならば子どもを保護し、養育する立場にある大人から子どもに対して加えられる暴力であるからこそ、「加害者」の苛酷さを浮き彫りにして、その対立構造をより明確にする。ゆえに、虐待する大人への社会的なまなざしは厳しいものとなる。一般的な子育てと虐待や養育困難は分断されている。社会的養護は、育児の社会化として一般化されているとは言いがたい状況にある。

育児の領域において社会化されていない部分は、家族依存にある。したがって、依存できない家族で子どもが育つことは社会的養護の領域で顕在化することになる。社会的養護に至る子どもたちも施設等に措置されている間は生活が保障されるが、一方で措置されていない子どもや措置解除後の子どもや若者の生活はどうであろうか。例えば、社会的養護の機関に措置されることなく、遊ぶ・学ぶ・発達するといった子ども期に大切にされる経験を保障されなかった若者や社会的養護措置解除後の若者等、子ども時代を十分に保障されることなく過ごした「子どものその後」は、若者個人が抱えることになる。

（2）当事者のリアリティと構築される不利と不平等

家族をめぐり、社会的養護とは別の側面として、家族がいることで抱える困難、家族から離れられない困難さもある。例えば、ケアを要する人が家族内にいるため、そのケアを担っている「ヤングケアラー」と呼ばれる子どもたちがいる。澁谷は、ヤングケアラーを「家族にケアを要する人がいるために、家事や家族の世話などを行っている、18歳未満の子ども」と定義している。ヤングケアラーは、家族内の誰かが、慢性的な病気や障がい、精神的な問題等があり、長期のサポートや看護、見守りを必要としており、そのケアを支える人手が十分にない時には、未成年の子どもであっても、大人が担うようなケア責任を引き受けている（澁谷 2018：i）。

彼ら彼女らが経験する家族にまつわる困難さについて考えるとき、もう一つ重ねて強調したいことは、彼ら彼女ら自身が家族に寄せている思い―例えば、保護者から厳しい扱いを受けながらも「親が好き」と言っていたり、家族を嫌だと思いながらも理解を示す等、アイデンティティにつながる家族へのまなざし―を受け止めることである。知念は、子どもたちへのエスノグラフィーから「当事者にとって家族がアイデンティティ欲求の対象になっている現実に目を向けなければならない」ことを指摘している。知念が調査した〈ヤンチャな子ら〉の中でも相対的に厳しい家庭背景で生活した子どもたちは、「家族経験を一貫してポジティブに示すことは難しく、彼らの家族経験はより流動的・相対的・多元的なものとして語られやすいこと」、「断片的」であることを明らかにしている（知念 2018：163–165）。貧困の中で子ども時代を過ごし、限られた資源や選択肢の中で、一見すると場当たり的な行動が、周囲や友人から理解されることが難しく、その結果信頼関係を築きにくい傾向にあるという（知念 2018：167）。

ひとり親家族について、当事者であるひとり親で育つ子どもたちはどう受け止めているのであろうか。

家族が多様化している今、ひとり親で育つことは決してめずらしいことではない。ただ、子ども全体としては、ひとり親で育つ子どもの割合は全体の1割弱と少数派であること、またひとり親世帯の半数以上が相対的貧困の状態にあることを鑑みれば、看過することはできない▼4。これらの不利と不平等は、構造的な不平等が基盤にあるからである。

志田は、ひとり親であることに対する周囲からの「承認」の観点で分析を試みている。志田によれば「ここで言う『承認』とは侮蔑、中傷されたアイデンティティや文化様式を高く再評価し、文化的多様性を承認・維持することなど、文化的あるいは象徴的な変革を求めるもの」であり、複雑な家庭経験を正当なものとして理解するための自己承認である。そして、子どもたちは、承認によって巧みに生き抜くための基盤を得ていることを伝える（志田 2015：317–319）。ひとり親世帯で生活する子どもたちは決して少なくないが、相対的には少数派となる。子どもたちは、子どもたちの生活世界の中で戦略的に友人や周囲との関係性を取り結び、自己のアイデンティティを確立していく。

（3）主体性が奪われる構造

依存できない家族で育ちつつも、社会的養護をはじめとした社会制度や社会的支援ネットワーク、そしてそこで出会った大人たちに支えられ子ども時代を過ごし、生きる主体として目標を立てたとしても、「家族があること」を前提とした社会的な規定によって、個人の力が奪われていくことがある。次の事例は、著者が出会った児童養護施設での生活経験のある女性の経験である▼5。なお、個人情報保護の観点から、特定を避けるために一部に修正を加えている。

事例① 「家族がいること」を前提とした社会的規定が当事者の主体性を奪う

18歳女性。未婚の母親のもとで育つが、母親は養育能力に乏しく、4歳から児童養護施設に入所した。小学生の頃から母親とは連絡が途切れがちになり、中学生の頃には母親と連絡が取れなくなり、家庭復帰の見込みはなくなった。施設で生活しながら、中学卒業後は高校に進学をしたが、高校に馴染めず16歳で高校を中途退学した。高校中退後、寮のある職場に正社員としての就職が決まったため、12年間生活した児童養護施設を退所した。

退所後の生活環境では、職場内における人間関係に悩まされ、施設職員にも相談したが、結果的に寮生活を続けることが困難になり、半年後に退職した。退職して寮を出た後は、友達の家に居候し、アルバイトをしていた。アルバイトで生計を立てながら、友達とともに「テーマパークに行くこと」を目標に、8万円を貯金した。テーマパークに行くためのバス旅行の申し込みに行ったが、未成年であり「保護者の同意がないため」旅行規定を満たすことができず、申し込みをすることができなかった。本人から児童養護施設の施設長に相談があり、施設長が旅行会社に事情を説明し、施設長自らが「保護者代わり」として契約書にサインをすることを提案した。しかし、旅行会社の結論は変わらず、結局、彼女は友人とテーマパークに行くことができなかった。

このように生活拠点はまだまだ不安定な生活状況にあるものの、そうした生活の中で彼女自身が友人と関係性を構築し、日々をやりくりして立てた「テーマパークに行く」という目標が、一律的な規定によって剝奪されてしまう。彼ら彼女らは、多くの人にあって自分にはないという点で他者と違うこと、つまり保護者がいないことにまつわり、日常的な楽しみが奪われていく。それだけではなく、こうした事実の積み重ねを経て、「努力しても報われない」という無力感が形成されていくことになる。

リッジは、貧困状態にある子どもが学校行事としての遠足に費用の問題から行くことができていないうえに、子どもたちは行事に参加する前に幻滅してしまうことを指摘している。インタビュー調査では、ある子どもは「頼んでも無駄だと感じ、頼みもしなかった」と述べており、貧困状態にある子どもたちは総じて、学校行事である遠足や修学旅行から「子どもたちは自らを排除していた」という（リッジ 2002＝2010：153–154）。

事例に挙げた女性も、友人とテーマパークに行くという経験を共有できないという経験から排除されることだけではない。こうした経験は、もう二度と同じような傷つき体験をしなくないという思いも重なり、「家族がいない」自らと「家族がいる」他者を差異化し、自ら参加することから撤退する意思を固めていく作用を生むことになる。彼ら彼女らが社会の中でひたむきに生きようとしている時に、自らの負荷（それは決して子どもに由来するものではない家族にまつわる様々な不利と不平等）に阻まれてしまうことがある。マイノリティとして、依存できない家族で育つ子どもたちが諦念に達する境地は、「標準的な家族」を前提として設計されている制度や社会的合意によって生み出されている▼6。社会制度によって子どもたちが周縁化され、主体形成の機会が剥奪されていく過程であろう。

3　家族にまつわる不利と不平等

（1）「依存する人」から「依存される人」になる

杉田は、ノンエリート若年女性の12年にわたる調査から、彼女たちにとって家族は自らの生活を支えるセーフティーネットとしては必ずしも機能していないこと、むしろ高校在学中からアルバイトの収入を家計に入れる等を行いながら、家族はセーフティーネットであるというよりも、彼女たちの離家や自立を阻む桎梏にほかならなかったことを明らかにしている（杉田 2015：194–196）。

次の事例は、著者が出会った年下のきょうだいの世話と家事を担っていた中学3年生のヤングケアラーである▼7。本事例も、個人情報保護の観点から、特定を避けるために一部に修正を加えている。

事例②　若年妊娠によってはじめて支援につながったヤングケアラー

15歳（中学3年生）女性。乳児を含む3人の年下のきょうだいがおり、ひとり親の母親と本児5人で生活している。家族は、時に電気代の支払いが滞るほど経済的に困窮していたが、生活保護をはじめ保育所等、公的支援は一切利用していない。母親はパートを掛け持ちしており、家に不在のことも多く、本児がきょうだいの世話と家事を担っていた。このため、一番年下のきょうだいが生まれた中学2年生以降、学校に行くことができていなかった。中学校の担任は、本児の状況を心配していたものの、母親が公的支援を拒む傾向にあり、1年ほど状況は変わらなかった。
本児が中学3年生の時、SNSで知り合った男性と交際をはじめ、ほどなくして妊娠していることがわかった。男性の母親への相談をきっかけに、本児の家族の状況から児童相談所につながった。児相のワーカーが本児に話を聞いたところ、子どもを産むことを希望し、そして「学校に行きたい。ずっと学校に行きたかった。友達がいなかったから、彼氏ができて嬉しかった」と話した。

依存できない家族では、子どもは大人になるにつれて、「依存する人」から「依存される人」になることがある。それは、収入面においても、ケアを担う側面においても、である。家族内で担ってきた役割があること、そしてその担っている役割が大きければ大きいほど、子どもは定位家族から逃れることは難しくなってしまう。

ヤングケアラーの実態は、まだ十分に明らかにされていないが、貴重な先行研究として濱島らによる2016年に大阪府の公立高校10校の高校生を対象とした質問紙調査がある（濱島・宮川 2018）。本調査は、高校生自身の主訴や認識を高校生に直接質問しているという特徴を持つ▼8。結果からは、「別居している家族も含め、家族にケアを必要としている人がいる」割合は、12・7％（664名）であり、そのうち6・2％（325名）が回答者自身がケアをしている。また、週4、5日以上ケアをしている生徒の割合は2・3％、学校がある日に1日2時間以上のケアをしている生徒は1・2％、学校がある日に1日2時間以上、かつ、学校がない日に1日4時間以上のケアをしている生徒が1・0％存在することを明らかにしている。この結果は、高校生の16人に1人がなんらかの形で自身が家族のケアをしているという決して少なくない事実を示している。

また、ノンエリート女性の継続的な調査を行っている杉田が指摘する「家族または彼女たち自身が健康問題を抱える傾向があった」（杉田 2015：194）ことも併せて考察したい。ケアを要する人がいることは、他にケアの担い手がいない場合は、彼ら彼女らがケア役割を担わざるを得ないことになる。したがって、ケア役割は、彼ら彼女らが大人になることの負荷の一つの形として存在することを示している。ケアの社会化がなされていないことの課題は「ヤングケアラー」が背負っていると言えよう。

（2）定位家族から脱け出す戦略としての家族形成

このような「桎梏《しっこく》としての家族」（杉田 2015）である場合、彼ら彼女らが定位家族から積極的に離脱する方法として、戦略的にパートナーを得ることもある。著者が調査で出会った若者からも自身が妊娠することで「やっと家族から脱け出せられる」という声が聞かれたことがある。若年出産の日本的特徴を明らかにした大川の研究では、日本における若年妊娠では婚姻率が高く、家族の支援があるという特徴を持つ（大川 2016：27–28）。これに照らし合わせると、日本の文脈では、依存できない家族にある人は、自らの生殖家族を形成する際にその脆弱性がより際立つことになる。

子育てが広く社会化されていないがゆえに、妊娠や出産、子育てにおいては祖父母や夫（妻）のサポートが前提になる。サポートのない中での若年妊娠や出産では、例えば乳児遺棄のように社会的支援につながらなかったケースも、妊娠した本人の自己責任にすり替えられてしまう。

それでは、「依存できない家族」の状況にある人は、子育てにおいてどのように奮闘しているのだろうか。どのような社会的支援が必要で、どうサポートを得ることができているのだろうか。家族での子育ての限界の先に、例えば乳児院・児童養護施設に代表される社会的養護や特別養子縁組制度があるのではない。公的制度をはじめ、社会的支援ネットワークを活用しながら子どもを育てる／子どもが育つことを前提にしなければ、この社会において子どもを育てることは困難に向かうばかりである。

本シリーズ本第1巻第8章でも執筆している子ども虐待死事件を丁寧に紐解いているルポライターの杉山によれば、子育てに困難を抱える人ほど支援につながりにくいという。自身の子育てが周囲から肯定的なまなざしを向けられるときには公的支援を利用でき、否定的にみられるときほど、支援につながらないことを指摘している。さらに虐待死させた親たちは、「子どもの養育と費用調達の負担は親・家族」という近代家族規範を過剰に内面化しており、とても頑張っていた時期があるという（杉山 2019：217–218）。本章の事例②では、子どもの母親は生活保護の利用や保育所にいたるまで公的な支援を拒む傾向にあった。この母親の支援されることへの抵抗とは、「子育ては家族でするもの」という規範意識が内面化するあまり、「支援に頼らざるを得ない自分」を認めることへの抵抗であり、それによって援助希求が薄れてしまっていたのではないだろうか。子育ては、周囲からの自己評価であると親が受け止めなければならない社会の中では、支援が必要になる状態ほど隠そうとしなければならない。困難な状況ほど隠蔽され、支援につながることが難しくなる。「評価」に対する社会的なまなざしは、公的な支援を遠ざけ、公的なものへの不信を含みながらアウトリーチが届かなくなる構造である。

4　どうしたら自分の人生をつくる主体になることができるか

（1）「子どもであること」が許されない子どもの権利保障――意見表明権の具現化に向けて

依存できない家族で育った若者は、子ども時代に「子どもであること」が許されず、自ら選択したり、思いや気持ちを表現できにくい状況にあった経験を持つ。

今から10年ほど前になるが、著者はある児童養護施設で子どもと生活をともにするフィールドワークを行っていた。調査時、子どもたちと話していると、「ジソウがダメって言う」という言葉をたびたび耳にした（谷口 2011：217）。児童相談所運営指針には、「常に子どもの最善の利益を考慮し、援助活動を展開していく」ことが謳われている（児童相談所運営指針第1章）。さらに子どもの援助指針は、「子どもの最善の利益を追求するための指針」であることを明確に位置づけている（同第4章）。これに基づいて、児童相談所や子どもを支えるワーカーは最善の利益を追求するべく援助実践を行っている。

しかし、こうした児童相談所の目的や措置による援助方針が子どもにすぐには浸透しない場合もある。「ジソウがダメって言う」という言葉に集約されているように子どもたちからみると、「ジソウ」は助けてくれる人と同時にある種の権威として映し出されるという二面性を持つ。子どもの権利擁護に軸足を置き、最善の利益を追求するという側面が、子ども自身の選択や子どもとの十分な合意形成が重視されぬまま進んでいくことで、子どもにとって児相は「自らの意思を超えた決定権を持つ」という意味である種の権力を持った存在として認識されてしまっていたのである。

子どもの思いや意見と児童相談所や施設職員が考える最善の利益は、しばしば対立することがある。そうした場合であるからこそ、大人は援助の方針や子どもが置かれている状況や生活環境を子どもに丁寧に説明し、子どもとの合意形成をはかることが重要となる。合意形成を行うには、まず子どもが表出した気持ちや思いを表すことができるかどうか、大人に受け止めてもらえると思うことのできるような土壌づくりからはじまる。

子どもの気持ちや思いを尊重することは、1989年に採択され、日本も1994年に批准した国連「子どもの権利条約」に「意見表明権」として大きく位置づけられている。子どもの権利条約の一般原則は、①生命、生存及び発達に対する権利、②子どもの最善の利益、③子どもの意見の尊重、④差別の禁止を掲げている。具体的には、第12条で「意見表明権」を保障している。

「子どもの権利条約」第12条

1　締約国は、自己の意見を形成する能力のある児童がその児童に影響を及ぼすすべての事項について自由に自己の意見を表明する権利を確保する。この場合において、児童の意見は、その児童の年齢及び成熟度に従って相応に考慮されるものとする。

2　このため、児童は、特に、自己に影響を及ぼすあらゆる司法上及び行政上の手続において、国内法の手続規則に合致する方法により直接に又は代理人若しくは適当な団体を通じて聴取される機会を与えられる。

（政府訳）

より平易な言葉で子どもを主語にしたユニセフ訳では、「意見を表す権利」として、「子どもは、自分に関係のあることについて自由に自分の意見を表す権利をもっています。その意見は、子どもの発達に応じて、じゅうぶん考慮されなければなりません。」と説明している。

子どもたちの「声」は、「意見」という明確な形だけではなく、気持ちを表出することでもある。あるいは、抵抗という形で表明したり、時に暴力という一般的には了解しがたい形になって表れることもある(長瀬 2019：313)。それらは、子ども自身が関係を取り結んできた大人との信頼関係によって受け止められるものであるが、子ども自身が「意見を表明してよかった」「気持ちを伝えられた」と心から思うことのできる環境がなければ、その意見を表明した個人の尊厳が奪われ、消耗するばかりである。

意見表明権は、意見を表明することだけではない。子ども自身が、悩んだり、迷ったり、選択肢に偶然に出会ったり、立ち止まったりしながら選んでいく過程も意見表明の一環である。自分のことを自分で決めることは、子どもの最も大切にされる意見表明であろう。意見表明権を行使することは、表明した意見を受け入れる土壌があることが前提になる。本来持っている権利とはいえ、勇気をもって意見を表明した意見としても、「声」が丁寧に受け止められ、聞き入れられなければ、子どもは主体を行使することができなくなる。そして、「意見を表明しても意味がない」という循環が起きることによって、意思を表明するという意志さえも剝奪された状態になってしまう。意見表明権の具現化に向けては、まず子どもに関わる大人たちの姿勢そのものが問われている。子どもが本来持っている力を引き出すのは、大人の役割である。

子どもの「今」の意見表明の機会を奪うことは、「今を生きる」子どもの意思だけではなく、意見を表明し主体として権利を行使していくというプロセスを遮断することである。社会や大人たちが子どもの声をないがしろにして、子どもの意見表明の機会を奪うことは、子どもが大人になっていく過程におけるその後の意見表明の可能性さえも奪うことを私たち大人は忘れてはならない。

（2）「社会的養護の再生産」言説に対峙する

ところで、憲法第25条に掲げられている「生存権」にある社会保障の基本理念には、「すべて国民は、健康で文化的な最低限度の生活を営む権利を有する」ことが掲げられている。また、第二項には、「国は、すべての生活部面について、社会福祉、社会保障及び公衆衛生の向上及び増進に努めなければならない」とある。法律に照らし合わせても、実態に照らし合わせても、子どもや保護者が社会的養護を利用するのは権利であり、言い換えると子どもの最善の利益のために社会的養護がある。社会的養護を利用することは、最善の利益を具現化している道程であろう。

社会的養護を経験したことのある子どもが親になり、何らかの事情を伴って自らの子どもを社会的養護に託すことがある。児童養護施設の現場では、親子にわたって養育したという職員の話を聞くことがある。こうした状況について、「社会的養護の再生産」と言説化されることがある。しかし別の側面から考えると、当事者となる親たちは、子ども時代から家族に依存できない状態にあり、家族や周囲に頼る資源が限られているであろう状況の中で、自身の子育てに迷い、奮闘しながらも、子どもを守るために社会に頼ることを知っているのである。

さらに、親たちが社会的養護を肯定的に捉えることは、社会的養護で育った自らの育ちを肯定的に捉えるとともにアイデンティティを確認することにつながる。ケアの社会化が進む中で、社会的養護の利用に批判的な文脈で言及することは、今困難の渦中にある子育てをしている親たちを批判し、その事実を隠蔽することにつながる。子育ての困難に対して共感が得られにくい社会の中で、脆さの矛先が真っ先に向かうことになるのは、子ども自身である。

（3）ケアの社会化としての社会的養護

では、社会的養護は、どのように子育ての社会化として位置づけられるだろうか。２０１６年に改正された児童福祉法をもとに２０１７年に発表された「新しい社会的養育ビジョン」では、「代替養育は家庭での養育を原則とし、高度に専門的な治療的ケアが一時的に必要な場合には、子どもへの個別対応を基盤とした『できる限り良好な家庭的な養育環境』を提供」することを掲げている（厚労省 2017：1−2）。

安藤は、里親へのインタビュー調査から、里親が抱える「家族的文脈」と「福祉的文脈」における葛藤と対処について「時間的限定性」と「関係的限定性」という観点から分析を行っている。安藤によれば、「子どもが18歳を迎えることに伴う満期措置解除は、里親たちを開放するものとは必ずしもいえない」こと、その背景には、里親制度が18歳までの子どもを養育する制度的枠組みにおける「限定性」と子どもの生活や長期的な人生全体を配慮した限定化しないケア、つまり「ケアの無限定性」のアンビバレンスがあるという。ケアの「『無限定性』は、『実子であれば～するのが当たり前』『一般家庭であれば～するものだ』という論理を彼ら（※筆者註：里親たち自身）が強く内面化していることに由来する」こと、「多くの里親たちは、里子を高校卒業と同時に家を出させ完全に自立させることを、現代社会では困難なもの」としてみなしていると考察している（安藤 2017：277−278）。

また、安藤は「里親家庭を『多様化』した家族の一形態とみなすことは、あらかじめ『標準的な』家族像を想定し、その距離を測るという思考法に結びつきやすく、最終的にも『家族』になりきることが唯一解であるという結論に水路づけられる可能性がある」ことを指摘している（安藤 2017：4）。社会的養護の理念は家庭養育優先の方向性にあるが、その代表ともいえる里親が「標準的な家族像」に囚われてしまうことは、かえってケアの社会化には結び付きにくい。

藤間は、家族社会学の視座から、社会的養護において家庭をモデルとすることは次の3つの点で問題含みであることを指摘する。①バーンアウトといった、ケアラーが直面する困難が看過されてしまう、②一般家庭における子育て支援が拡充する中、現行の家庭をモデルとすることは、施設でのケアを「周回遅れ」で改善することに過ぎず、子どもの格差是正の観点からも問題含み、③家庭をケアの理想的な環境とモデル化することで、多様なケアのあり方を検討する視野が制限される。そして、「こうした問題を回避するには、家庭を理想化する規範を相対化した上で社会的養護をめぐる状況を捉える必要がある」と述べている（藤間 2018：219）。

社会的養護における家庭養育優先の背景にあるのは、子ども一人ひとりのニーズに沿った支援や特定の大人との関係性の構築による権利保障がある。個別ニーズに対応する形でケアの小規模化が目指されているため、家庭養育優先とケアの個別化については、丁寧に議論する必要があるだろう。また、新しい社会的養育ビジョンでは、「ケアの永続性」を重視しており、この点から家庭化が推進されている。ただ、ケアの永続性と家庭化および個別化は別の問題として検討される必要がある。それと同時に子どものニーズに沿った援助実践論と実践者の専門性の向上も課題であろう。施設か家庭かという二項対立を超えて、ケアの社会化として社会的養護が位置づけられるためには、子育ての延長線上に社会的養護があり、社会全体で子どもを育てるという理念が共有されることであろう。

5　おわりに――選択することと認め合うこと

最後にこれまで述べてきたことから、どのようにしたら子どもや若者たちは自分の人生をつくる主体になることができるのか、そのためには何が必要なのかを考えよう。

本章では、依存できない家族で大人になる子どもたちが抱える家族にまつわる不利と不平等について述べてきた。そして、子どもの権利保障の具現化に向けて、子どもの「声」を受け止めることについて、子どもの権利条約第12条の「意見表明権」を手掛かりに考えてきた。子ども時代から、意見表明が認められ、自分で選び、受け止められることで主体が形成されていく。つまり、自分の人生をドライブし、自らハンドルを握りながらコントロールをしていく感覚を身につけていくことである。そのためには、子どもの育ちを支え、関係を取り結ぶ大人たち、そして子どもを社会全体で養育するという社会的合意があることが条件になるだろう。主体形成と支えられる基盤があること、すなわち、社会制度や社会的支援の充実である。２０１６年の児童福祉法の改正以降、子どもの権利がますます強調されるが、権利を具現化する仕組み、および社会構造と社会保障がなければ機能することはできない。大人になることがなぜ難しいか、「家族」が前提となる現在の社会構造ではなく、また「自立」が強調されるのではなく、この社会の中で、平易に言えば、「助けて」と言い合えるシステムが目指され、依存とケアを受け入れる社会が構想される必要があろう。

注

1　内閣府「都道府県の結婚支援の取り組みについて」https://www8.cao.go.jp/shoushi/shoushika/kekkon_ouen_pref.html（２０１９年5月2日閲覧）。47都道府県すべての自治体において、出会いや婚活を中心とした結婚支援の事業が実施されている。

2　上野は、「ケア」はマルクス主義フェミニズムにおける「不払い労働 unpaid work」に隣接することを指摘している。さらに、ケアは再生産労働に限定されていることから、直接的に「家族」領域とジェンダーとを照準とすることができる（上野 2011：37）。

3　内閣府（2018）「資料6　待機児童解消に向けた取組の状況について」（第37回　子ども子育て会議資料）より。

4　厚労省（2017）「国民生活基礎調査」によると、２０１５年調査では、ひとり親世帯（子どもがいる現役世帯のうち大人が1人）の50・8％が相対的貧困にある。また、国勢調査を基にした内閣府の集計では、両親と同居している子ども（20歳未満の未婚の親族、以下同）は、約１８１０万人であり、全体の85％に上り、ひとり親世帯の子どもは、約１８９万人であり、20歳未満の子どもの9％である。その他の子どもは、約１２７万人であり、6％である（内閣府 2018：3）。ひとり親世帯は、約１２５万世帯であり、そのうち約3分の2が、母子または父子のみで生活している（内閣府 ibid）。

5　本調査研究は、科研費基盤研究（A）「子どもの貧困に関する総合的研究：貧困の世代的再生産の過程・構造の分析を通して」（研究代表松本伊智朗、平成28～31年度）の一環であり、「社会的養護下で育った若者の自立支援に関する研究」として北海道大学大学院教育学研究院における人間を対象とする研究倫理審査研究倫理審査を受審し、承認を得ている（倫理申請番号16－51）。松本伊智朗、伊部恭子、新藤こずえ、長瀬正子、永野咲、そして谷口由希子の共同研究として実施している。なお、本事例に関する調査は、筆者が行った。

6　長瀬（2019）は、子どもの意見や言葉にならない思いを含めた表現を「声」として、子どもの「声」が表現されにくい構造を分析している。子どもたちは、他者と「違う」と感じさせられることに対し、戦略的に①「同じ」であることへの努力をすること、②自らを非当事者との間に一定の距離をつくることで対応しているという。さらに、子どもの失われた「声」の回復は、大人との協働によってなされることの必要性を指摘している（2019：

313–323)。

7 注5と同様。

8 調査では、回収された5671票のうち、分析対象となった5246名の状況を明らかにしている。

引用・文献一覧

安藤藍（2017）『里親であることの葛藤と対処――家族的文脈と福祉的文脈の交錯』ミネルヴァ書房

藤原千沙（2017）「新自由主義への抵抗軸としての反貧困とフェミニズム」松本伊智朗編『「子どもの貧困」を問いなおす――家族・ジェンダーの視点から』法律文化社

濱島淑恵・宮川雅充「高校におけるヤングケアラーの割合とケアの状況　大阪府下の公立高校の生徒を対象とした質問紙調査の結果より」『厚生の指標』65巻2号、22～29頁

石井まこと（2017）「地方に生きる若者へのインタビューが映し出すもの」『地方に生きる若者たち――インタビューからみえてくる仕事・結婚・暮らしの未来』旬報社

小西祐馬・川田学編（2019）『遊び・育ち・経験――子どもの世界を守る』（シリーズ子どもの貧困②）明石書店

厚生労働省（2017）「新しい社会的養育ビジョン」

黒田邦夫（2016）「里親委託を阻害している要因は何か――里親委託候補児が満年齢解除に到達できるのは20人に1人」『子どもと福祉』Vol.9、76～81頁

久冨善之編（1993）『豊かさの底辺に生きる――学校システムと弱者の再生産』青木書店

Lister, Ruth.（2004）. *POVERTY*, polity.（松本伊智朗監訳（2010）『貧困とはなにか』明石書店）

丸山里美（2013）『女性ホームレスとして生きる――貧困と排除の社会学』世界思想社

松木洋人（2013）『子育て支援の社会学――社会化のジレンマと家族の変容』新泉社

松本伊智朗編（2010）『子ども虐待と貧困――「忘れられた子ども」のいない社会をめざして』明石書店

松本伊智朗編（2013）『子ども虐待と家族――「重なり合う不利」と社会的支援』明石書店

見田宗介（2008）『まなざしの地獄――尽きなく生きることの社会学』河出書房新社

内閣府（2018）「第9回 子供の貧困に関する有識者会議 資料2 子供の貧困に関する現状」

中西新太郎（1987）「権威的秩序の内面化と主体形成」藤田勇『権威的秩序と国家』東京大学出版会

長瀬正子（2019）「子どもの『声』と子どもの貧困」松本伊智朗・湯澤直美編『生まれ、育つ基盤――子どもの貧困と家族・社会』（シリーズ子どもの貧困①）明石書店

Newman, Kathrine S. (2012). *THE ACCORDION FAMILY Boomerang, Kids, Anxious Parents, and the Private Toll of Global Competition*, Beacon Press.（萩原久美子・桑島薫訳（2013）『親元暮らしという戦略――アコーディオン・ファミリーの時代』岩波書店）

西田芳正（2010）「貧困・生活不安定層における子どもから大人への移行過程とその変容」『犯罪社会学研究』第35号、38～53頁

Ridge, Tess. (2002). *Childhood Poverty and Social Exclusion: From a Children's perspective*, The Policy Press.（中村好孝・松田洋介・渡辺雅男訳（2010）『子どもの貧困と社会的排除』桜井書店）

澁谷智子（2018）『ヤングケアラー――介護を担う子ども・若者の現実』中公新書

Shorter, Edward. (1975). *The Making of the Modern Family*, Basic Books Inc.（田中俊宏他訳（1987）『近代家族の成立』昭和堂）

杉田真衣（2015）『高卒女性の12年――不安定な労働、ゆるやかなつながり』大月書店

志田未来（2015）「子どもが語るひとり親家庭――『承認』をめぐる語りに着目して」『教育社会学研究』第96集、303～323頁

杉山春（2019）「貧困と虐待・ネグレクト――国家と家族と子育てと」松本伊智朗・湯澤直美編『生まれ、育つ基盤――子どもの貧困と家族・社会』（シリーズ子どもの貧困①）明石書店

谷口由希子（2011）『児童養護施設の子どもたちの生活過程――子どもたちはなぜ排除状態から脱け出せないのか』明石書店

知念渉（2014）「『貧困家族であること』のリアリティ――記述の実践に着目して」『家族社会学研究』第26巻第2号（2014.10）、102～113頁

知念渉（2018）『〈ヤンチャな子ら〉のエスノグラフィー――ヤンキーの生活世界を描き出す』青弓社

藤間公太（2017）『代替養育の社会学――施設養護から〈脱家族化〉を問う』晃洋書房

藤間公太（2018）「家族社会学の立場から捉える社会的養護――『子ども／大人』の相対化と『依存批判』との接合可能性」『子ども社会学研究』24号、213～232頁

上野千鶴子（2011）『ケアの社会学——当事者主義の福祉社会へ』太田出版
UNICEF「子どもの権利条約　日本ユニセフ協会抄訳」https://www.unicef.or.jp/kodomo/kenri/syo9-16.htm（2018年8月30日閲覧）
湯澤直美（2017）「子どもの貧困対策の行方と家族主義の克服」松本伊智朗編『「子どもの貧困」を問いなおす——家族・ジェンダーの視点から』法律文化社

第Ⅱ部
子ども期の貧困と「大人になることの困難」のかたち

第4章

障害とともに生きる若者

…新藤こずえ

1　障害のある若者と子ども期の貧困

ある家庭に障害のある子どもが生まれる。それは家族員にケアの担い手が必要になることを意味している。ケアは子育ての期間を超えて、親が生きている限り一生続くものとなる場合もあり、高齢になった親と成人期の障害者をめぐる「老障介護」の問題が深刻であるとの指摘がなされている（田中 2017）。障害のある子どもへの直接的なケアが終わらないことのみならず、経済的負担が加わることにより、障害者家族の不利が累積し、障害児者をケアする家族が貧困化する様子についても明らかにされている（田中 2009, 2010）。

一方で、障害者個人に対する状況をみてみると、特別支援教育の充実や特別支援学校高等部の増加により[1]、18歳までの就学機会は保障されつつあるものの、特別支援学校高等部卒業者[2]の86・2％を占める知的障害のある子どもは、高等部卒業後の進学・就職の機会が限定されている。進路としてもっとも多い割合を占めるのは、「社会福祉施設等入所・通所者」60・4％であり、すなわち福祉的就労（実質的には障害福祉サービス[3]の利用である）あるいは無職の状況にある。次いで「就職者」30・4％であり、障害者雇用枠での一般就労である。このように、知的障害者の6割以上は雇用されておらず自身の労働による経済的自立が困難な状況にある。しかしながら、障害基礎年金は障害者個人が経済的に自立して生活するには不十分な支給額であるため[4]、障害者は成人以降も家族に依存せざるを得ない構造がある[5]。したがって、障害児者が貧困になるかどうかは、家族の状況に左右されることになる。つまり、障害のある子ども自身、若者自身の問題というよりは、障害のある子どもが生まれたことに伴って必要となる資源をその家族がもっているかどうかの問題になる。

では、そういった資源を家族がもっておらず頼りにならない、あるいは家族のケアが得られない障害児者や、様々な事情によりそもそも家族がいない場合はどうなるのであろうか。

そうした子どもが生活する場所としては、障害児入所施設がある。障害児入所施設には福祉型と医療型がある。福祉型の入所施設の全国調査によれば、障害児入所施設で暮らす子どもの入所理由のうち、保護者の養育力不足が42・5％、虐待・養育放棄が25・0％を占めている（公益財団法人日本知的障害者福祉協会児童発達支援部会 2016）。ただ、障害の程度をみてみると、最重・重度児の割合が53・6％であるが、18歳以上では重度者の割合が85・1％を占めている▼6。医療型はさらに重度者の割合が高く、障害児入所施設は比較的重度障害児の利用が高い割合を占めている。家族とのつながりやケアという点をみてみると、「帰省できない理由」としては、「家庭状況から帰せない」58・4％、「親がいない」7・7％であり、家庭でのケアの困難が入所に結びついていると考えられる。この家庭でのケアの困難の内実は、障害が重度であることや行動障害など障害特性に伴うケアそれ自体の困難のみならず、経済的・精神的・社会的にケアが担えない状況にあるという意味での困難が含まれていると考えられる。しかし、施設に入所している障害児数は、身体障害のある児童約0・5万人、知的障害のある児童約0・7万人と推計されており▼7、在宅で生活している障害児数と比べると身体障害7・3万人の6・8％、知的障害15・3万人の4・6％に過ぎない。つまり、障害児入所施設の利用は極めて限定的であり、障害のある子どものほとんどは在宅で家族と生活しているとみられる。

一方で、社会的養護の対象となっている児童約4万5000人の中に、障害のある子どもが増加している。知的障害や発達障害など何らかの障害がある子どもの割合は、児童養護施設で36・7%、児童自立支援施設で61・8%を占めており、里親委託や自立援助ホームを含めた社会的養護全体としても39・4%の子どもに障害等がある（厚生労働省 2020）。その内訳としては、知的障害、広汎性発達障害、注意欠陥多動性障害などがあり、社会的養護の子どもの約4割に障害がある。

また、社会的養護の対象児童のうち2万7000人が生活する児童養護施設においては、45・2%の子どもに被虐待経験があり▼8、養護問題発生理由としても「虐待・酷使」や「放任・怠だ」が最も高い割合を占めている。「破産等の経済的理由」は4・9%にとどまっているものの、松本ら（2013）の調査では、北海道内の児童相談所に限定された調査ではあるが、虐待相談として受理したもののうち、借金・多重債務、破産、経済的困窮などの経済問題を経験した世帯のケースが72・3%、生活保護受給世帯が39・5%を占めていることを明らかにしている。この調査では、被虐待ケースとして受理された児童の47・1%にことばの遅れや知的障害・身体障害等がみられ、兄弟姉妹にも34・5%に何らかの障害がみられている。これらの虐待事例を分析した藤原（2013：39）は、「障害をもっている子どもが虐待を受けやすい、あるいは、障害児の親は子どもを虐待するリスクが高いということではない。虐待の背景には、被虐待児の障害や養育上の難しさのみならず、養育者の障害が重なっている傾向や、育児という営みを阻害する生活困窮、家庭不和等、家族が抱える複合的な不利があるという点を十分理解する必要がある」と指摘している。

このように、社会的養護の対象となる可能性の高い子どもの家庭においては、虐待という表面化した問題のみならず、その背景には、子ども本人の障害、親の障害・精神疾患などの疾病、経済的問題を含む複数の困難がみられる。こうした子どもたちは、家族の脆弱さというリスクに加えて障害という複合的な不利を抱えている。そのため、児童養護施設などの社会的養護における支援すなわち子ども期の支援とともに、施設退所にあたって実施されるリービングケアや退所後のアフターケアつまり退所後の青年期以降を見据えた支援の重要性が指摘されている。児童養護施設を退所した子どものアフターケアや退所後の生活困難を明らかにした研究の蓄積はあるが（櫻谷 2014；伊部 2013；伊藤 2013；西田 2011）、障害のある子どもに焦点をあてた研究はほとんどみられない。一方で、退所後、軽度の知的障害や発達障害のある者がホームレスや軽微な犯罪を繰り返す触法・累犯者となって初めて要支援・要保護の対象として浮かび上がるという現実もある（谷口 2016；山田 2007；田島ほか 2007；伊部 2017）。

次節以降では、こうした子どもたちが「大人になる」過程で、どのような経験をし、ライフコースをたどってきたのかを、当事者、支援者からのインタビューをもとに明らかにしていきたい。なお、本稿の事例は、筆者が行った社会的養護における障害児者の支援に関するインビュー調査▼9をもとにしており、プライバシーへの配慮から一部に修正を加えている。

2　不利を抱える家庭で育つ障害のある若者

（1）精神疾患を抱えるひとり親に養育される

Aさんは中度知的障害のある20代の女性である。母が精神疾患を抱えている母子世帯であり生活保護を受給。小学校低学年時から教師はネグレクト傾向にあることに気づいていたが、母の男性関係がもとで転居を繰り返したため、Ａさんも転校を余儀なくされ学校から姿を消した。Ａさんが特別支援学校高等部在学中に母が死亡し児童養護施設に入所したが、卒業とともに退所となった。そのため、母を支援していた障害者相談支援センターのソーシャルワーカーがＡさんのためのグループホームと障害福祉サービス事業所を探した。

「日本の障害者福祉では『障害児者一人と、頑健な両親および家族』という家族のみが想定されている」(児玉 2017：182) という指摘がある。Ａさんのような家族は、障害者家族の中では特殊な存在と捉えられるかもしれないが、児童相談所が対応している被虐待児童全体からみれば、むしろ典型であるといえる▼10。Ａさんの学齢期以降、Ａさんと母親には教育、福祉、医療に関わる複数の機関が関わってきた。しかし、Ａさんの母親の死亡時、市の障害福祉課は「児童なのでうちの支援ではなく、児童相談所の支援である」と対応を拒んだ。一方、児童相談所は「障害があるのでうちの支援ではなく障害福祉課の支援である」とたらい回しにした。このことは、児童福祉から障害者福祉への接続・移行のための支援システムあるいは連携が不足していることを示している。

障害福祉サービスは基本的に本人または保護者の申請からはじまる。しかし、Ａさんのような知的障害のある子どもで家族のサポートが弱い場合、本人や家族からの申請を待っていては救うことはできない。障害者相談支援センターの支援は、Ａさんや母親からの「申請」に基づいて実施されていたわけではない。娘がいずれ地域のグループホームで暮らせるようになってほしいと、母親が生前、語っていたことをふまえ、障害者相談支援センターのソーシャルワーカーが保護者の意向に沿ったＡさんの居場所を探したのである。

教育と福祉の連携については、児童福祉法等の改正に伴って一層の推進が求められている。厚生労働省と文部科学省の連名通知▼11では、学校と障害児通所施設などが緊密な連携を図ることや、学校での個別教育支援計画、障害児相談支援事業所での個別計画の必要性が述べられている。しかし、相談支援においては、「障害児支援利用計画等の作成を担当する相談支援事業所と個別の教育支援計画等の作成を担当する学校等が密接に連絡調整を行い、就学前の福祉サービス利用から就学への移行、学齢期に利用する福祉サービスとの連携、さらには学校卒業に当たって地域生活に向けた福祉サービス利用への移行が円滑に進むよう、保護者の了解を得つつ（傍線筆者）、特段の配慮をお願いする。」と示されている。また、障害児支援の強化についても保護者の役割が明記されている。しかし、保護者がいない、あるいは保護者としての役割を果たすことが困難な場合の支援は想定されていないようである。

児童福祉と障害者福祉の連携については、2017年に公開された「新しい社会的養育ビジョン」（新たな社会的養育の在り方に関する検討会）において、自立支援（リービングケア、アフターケア）とともに、障害のある若者の場合は、「障害者施策の積極的活用を図り、継続的に支援を行うことも必要」であると述べられている。しかし、現状では、社会的養護（児童福祉）から障害者福祉への接続・移行を支援するシステムは無きに等しい。制度的な裏付けがないため、Aさんは母親を支援していた障害者相談支援センターの支援が得られなければ、「行き場のない子ども」になるリスクがあった。

いずれにしろ、Aさんのように保護者と子どもの関係性があれば、保護者が子どもの特性を理解し子どもにとって最善の選択あるいは賢明な判断をするであろうという前提にもとづき、教師やソーシャルワーカーなどの支援者は保護者がより良い決定ができるよう支援したり、保護者や子ども自身の意思を尊重した支援ができる。つまり、保護者が障害のある子どもの親としての役割を果たすことを支援することができる。しかし、Aさんのように入所施設ではなく生活介護や就労継続支援といった通所施設が障害児者福祉施策の中心となっている今日では、障害者本人を「大きな子ども」(新藤 2013)とみなすことで、障害のある子どもをもつ親に対して健常な子どもをもつ親以上に「親役割」を求めるために「親役割」を降りることを難しくさせているという状況もある▼12。

そういった意味で対極にあるのは、児童養護施設などで子どもが保護者と離れて養育される場合である。親権が保護者にあったとしても、日々のケアを担うのは施設職員等の支援者である。施設退所後のアフターケアの重要性も指摘されてはいるものの、支援者の役割は基本的に子ども期を中心とした支援であり、子どもが18歳ないし20歳になれば「支援者役割」を降りなければならない。そのため、社会的養護の対象であるあいだに、できうる限り子どもの将来を見据えた支援が行われている。では、家族とは離れて養育されることになった障害のある子どものライフコースにおける困難は、青年期以降にどのようにあらわれるのだろうか。

(2) 児童養護施設で育つ

①家族と暮らしたかった――障害者雇用で一般就労、家庭復帰

Bさんは軽度知的障害のある20代の男性である。母がアルコール依存症のため父母が離婚。幼児期に児童養護施設に入所した。中学校では教師と施設職員の勧めで特別支援学級に入級し、高校進学にあたっては施設職員に説明・説得され療育手帳を取得、特別支援学校高等部に進学した。高等部では成績トップであり、卒業後、障害者雇用で小売店に就職した。グループホームで暮らしていたが世話人の暴

力・暴言に耐えられず、再婚した父・継母とその子ども家族のいる家で生活することとなった。しかしBさんの貯金・給料・年金は通帳ごとすべて継母に取り上げられ、家族の生活費やギャンブル代に消えた。「おまえみたいなばかな人間が産まれてしまうから、世の中悪くなる」などの暴言に耐えきれず、家を出た。

児童養護施設の進路指導の視点として、堺（2013）は「施設関係者は高等部卒業段階で入所生を手放さざるを得ない現実から（中略）知的障害特別支援学校をすすめざるを得ない現実がある」と指摘している。Bさんは I Q が高く、療育手帳が取得できるかできないかのいわゆる「グレーゾーン」であったが、普通高校を受験して不合格になった場合、施設にはいられなくなってしまう可能性もあり、中学生の時点で療育手帳を取得し特別支援学校高等部へと進学した。Bさんは施設職員に「将来のため」と説得されたと語っている。障害者雇用で確実に就職するために、特別支援学校への進学を後押しすること、将来、必要になったときに障害者福祉制度やサービスを利用できるよう療育手帳を取得させることが、「グレーゾーン」であるBさんに対して施設ができる最大限の支援であった。高等部で成績トップであったBさんは期待どおり就職もすんなり決まった。20歳からは障害年金と合わせて手取りで約20万円の収入となった。グループホームの費用などを支出しても金銭面ではゆとりがあり、仕事は楽しく趣味もあり順風満帆であった。

特別支援学校（知的障害）の卒業生のうち、Bさんのように「就業者」となるのは32・9％である。つまり、7割弱は雇用されず自身の労働による経済的自立が困難な状況である者が多数を占める中で、Bさんのように自身の給料と障害年金による経済的自立は望ましい方向性であり「成功例」であると言える▼13。とりわけBさんのように家族が頼りにならない状況であるならば、就職支援が手薄な普通高校ではなく、早期にこのような望ましい方向に道筋をつけることが児童養護施設の支援になると考えられている。だが、こうした家族による支援が期待できない子どもに対する福祉職の支援はパターナリズムにならざるを得ない側面もある。

しかし、Bさんの状況を知った父・継母から「家に帰っておいで」と同居の申し出があり、施設生活が長く家族と暮らしたいと願っていたBさんは家庭復帰を決めた。児童養護施設の子どものうち、家庭復帰の希望は29・7%にあり（厚生労働省 2020）、Bさんの気持ちや同居の判断は珍しいものではない。だが、同居と同時にBさんの給料や年金は、金銭管理が難しいBさんに代わって将来のために貯めておくという名目で継母に取り上げられた。やがてBさんには月3000円ほどの小遣いが渡されるだけとなり、ほどなくそれもなくなった。失業中の父、無職の継母とその子どもはBさんの収入で生活し、Bさんの貯金も飲酒やギャンブルに費やした。一方で、Bさんの食事だけが用意されていなかったり、家族での外食にBさんが一緒に行こうとすると「（障害のあるBさんと一緒に行くのは）恥ずかしいから嫌だ」などと知的障害のあることを馬鹿にされたりなど差別された。携帯電話を取り上げられ、恋人や友人と連絡も取れなくなってしまった。こうした差別や束縛、搾取する家族との生活が耐えられなくなり、出身施設に相談して夜逃げ同然で家出し、新たなグループホームを探した。

Bさんのような障害のある若者に対し、児童養護施設のインケアとして、将来、貧困に陥らないための最大限の支援が行われたとしても、家族のもとに戻ったとたん、搾取の対象となってしまうことがある。それでも家族で暮らすことへのあこがれがあったBさんは逃げようとしてもすぐには逃げられなかった。家族は、Bさんが自分の労働によって得た収入を、携帯電話代やささやかな趣味、恋人・同僚とのつきあいのために使おうとすると、Bさんは「金銭管理ができない」と子ども扱いされ自分の収入を自分で管理する自由を失った。これは障害者に対する経済的虐待や心理的虐待にあたるものである。幼児期から18歳まで児童養護施設で暮らしたBさんが家庭復帰した結果、今度は障害を理由に虐待にさらされ、Bさんが若者として生きようとすると、障害を口実にした搾取の正当化によって大人になる機会を奪われてしまった。

②ディーセントワークを求めて――障害者雇用で就職したものの退職

Cさんは軽度知的障害のある20代の男性である。幼児期に母が死亡。父のみでは養育不能のため児童養護施設に入所した。父とは音信不通である。中学校から特別支援学級に在籍し特別支援学校高等部に進学した。卒業と同時に寮付きの食品加工会社に障害者雇用枠で就職したが、同僚と同じ仕事内容であるのに自分の給料が少ないことを知り、障害者雇用枠外で働きたいとの思いが募り退職した。同時に住まいを失ったため出身施設に身を寄せながら仕事を探し、障害を隠して廃品回収や大工の下請けなどの仕事に就いた。収入が増えアパートでひとり暮らしができるようになったが、社会保険には入っていない。

障害者雇用実態調査（厚生労働省 2019）によれば、障害者の平均賃金は、身体障害者21万5０００円、知的障害者11万7０００円、精神障害者12万5０００円と知的障害者がもっとも低い。障害者の給料が低い要因としては、まず、雇用形態があげられる。同調査によれば、知的障害者の雇用形態のうち、「無期契約の正社員」は18・4％にとどまり、「有期契約の正社員以外」が39・1％を占めている。しかしながら、平均勤務時間は「通常（週30時間以上）」が65・5％を占めている。ちなみに身体障害者の場合は「無期契約の正社員」が49・3％、平均勤務時間は「通常（週30時間以上）」が79・8％を占めている。

Cさんは、Bさんと同様に児童養護施設の支援で療育手帳を取得し、障害者雇用で就職を果たした。ところが、業務は他の障害のない職員と同じであるにもかかわらずCさんの給料は明らかに少なかったのである。その事実はCさんの労働意欲を削ぎ、障害者雇用以外の道を検討させるのに十分な理由となった。自分が障害者雇用であるために低賃金であると思ったCさんは退職してしまった。低賃金は週30時間以上働いているのに非正社員であるという雇用形態の問題であり、障害者に対する賃金差別の問題である。だが、Cさんが障害者雇用枠外でみつけた次の仕事も非正規であった。最初の仕事では、無期契約であったが新しい仕事は日雇い同然であり、収入は増加したものの社会保険には自分で加入しなければならない。しかしCさんは、その必要性を感じておらず、客観的にはむしろ不安定な状況になってしまっている。

ＩＬＯ（国際労働機構）では、「ディーセント・ワークへの障害者の権利」の中で、「ディーセント・ワーク（働きがいのある人間らしい仕事）の欠如が、障害をもつ人々に特別に厳しい打撃を与えることは明白である。障害のある男女の多くが、訓練を修了しても働きがいのある人間らしい職を見つけることができず、不満とやる気の低下が生じる。差別的な障壁や働く能力に関する誤った思い込みによって気持ちを砕かれ、多くの人々が積極的に仕事を探すことをやめ、障害者給付があればそれに頼り、あるいは家族やコミュニティに支えられながら、インフォーマル経済の付加価値の低い仕事で何とか生計を立てている。この一連の状況から、障害と貧困に強い関連があることは驚くことではない」と指摘している。

児童養護施設を18歳で退所したCさんに家族はなく、これといった趣味もなく、職場のコミュニティが生活のほぼすべてであった。その職場で正当な評価が得られていないと感じさせられることは、Cさんにとって、つらく悔しく悲しいことであった。職を失うことはCさんが所属するコミュニティがなくなることをも意味する。

児童養護施設で養育されたCさんにとって、大人になることの困難は、障害者であるがゆえにディーセントワークからはじかれてしまうということであった。転職で経験したことは、ディーセントワーク――Cさんの言葉によれば、「やりがいがあって、そこそこの給料をもらえる」――を望むのであれば、障害者であってはならない、と思い込まされたことである。若者ではなく障害者として生きなければならないことへの葛藤をCさんの経験は物語っている。Bさんのケースにもみられるように、軽度の知的障害の場合、障害受容には困難が伴うことがある。児童養護施設では職員の丁寧な説明により、障害受容には葛藤がないかのようにみられていたCさんであったが、就職先で障害があることを理由に差別されていると感じるのは耐えがたいことであった。障害者雇用枠外で転職したCさんは、障害者雇用の良さにも気づきはじめている。以前の職場では知的障害のある自分に対して、職場の人々は仕事内容を「わかるまで丁寧に説明してくれた」という。現在の職場では以前よりも給料が良いという一般雇用の良さもあるが、業務内容の説明等についてはかつてのような丁寧さはなく、仕事内容がわからないまま業務をはじめなければならないという厳しさもある。障害のある被用者に対する丁寧な説明は、障害者雇用促進法における事業主の合理的配慮の提供義務▼14であるが、障害者雇用という枠組みがなければCさんの障害は不可視化され、配慮を求めることは難しくなっている。

Cさんが求めたのは、やりがいがあって、そこそこ給料をもらえて、障害――ここでいう障害とは、知的障害のことではなく、社会的障壁▼15のほうである――を問題にされない仕事がしたいということであった。しかし、そういったささやかな願いをもって、Cさんが生きたいように生きようとすると、合理的配慮が得られない状況に陥ってしまう。障害者として生きようとしないCさんの不利は、社会によってつくりだされたものである。

③生活保護がセーフティネットになる——退所後に自閉症スペクトラム症が判明

Dさんは20代の女性である。母に知的障害と身体疾患があるため養育困難となり、幼児期に児童養護施設に入所した。母とは関わりたくないという気持ちが強く交流はなかった。普通高校に進学し、卒業後、清掃会社に就職したが業務内容が覚えられず人間関係も悪化したため退職した。再就職したものの、前職と同じく業務内容が覚えられず精神的に追いつめられ退職。精神科を受診し、パニック障害と診断された。その後、自閉症スペクトラム症の診断もあり療育手帳を取得した。障害者相談支援センターに相談し、生活保護を受給しながら障害福祉サービス事業所に通所、ひとり暮らしを続けている。結婚を望むパートナーがいたが、障害への理解が得られず別れてしまった。

児童養護施設に在籍中は障害には気づかれず、退所後に障害が明らかになるケースもある。Dさんは、普通高校を卒業していた。児童養護施設退所者に関するブリッジフォースマイルの調査（2017）によれば、退所直後に就職した人のうち、就職直後（3か月以内）で7・8％が転職・退職している。3年後の離職率は48・7％であり、全国平均（40・0％）より高い。無職でいる退所者の最大の理由として精神的不調があげられている。たとえば、京都市の児童養護施設等退所者調査（2017）では、本人の就労以外の収入で、本人が得ている収入として最も多かったものが「障害年金」と「生活保護などの公的扶助」であることが明らかになっている。Dさんもこうしたケースに含まれるものと考えられる。京都市の調査では、退所者の困難の様相として、様々な要素を調査結果から導き出し、「人とつながりにくい・継続が難しい」「生活を成り立たせにくい」の3点にまとめている。たとえば、「人とつながりにくい」要素として「対人関係の困難とコミュニケーション能力の低さ」をあげているが、Dさんの場合は、障害特性からもこうした様相を呈することがあると考えられる。「見通しをもちにくい」という様相も自閉症スペクトラム症の特性としてあげられる▼16。

Dさんは当初、専門学校への進学を希望していたが、高校2年の時点で「お金の問題で行けない」と自分自身が置かれた状況を認識し卒業後は就職すると決意した。学力としてはDさんと同じくらいか下と思われる友人たちが進学先を決めていくのを「うらやましいな」という思いを抱きながら眺めていた。一方でDさんは就職活動で何社も受けたが内定は得られず、最終的には施設の紹介で清掃会社に就職した。しかし、そこで自分が「普通に仕事をしてるのに、なんか普通に仕事ができてないみたいな感じ」という「できなさ」に直面することになる。職場の「人間関係も最悪」で一時は「死にたい」と思うほど追いつめられてしまった。Dさんは母や家族とは関わりたくないという思いをもって施設で暮らしていたこともあって自立心が強く、就職して自立しようと努力していた。しかし、受診によって自身の障害が明らかになり、また、精神的な不調も重なったため、いったん就労による経済的自立をあきらめることとし、生活保護を受給しながら障害福祉サービス事業所に通所している。このような形で生活を安定させることはできたが、一方で、結婚を考えていたパートナーには障害のことを理解されず、「普通の人間になって」などと言われ別れることとなった▼17。

Dさんは、児童養護施設では障害のある子どもとしてのケアは受けておらず、「障害者」として生きてこなかったが、就職でのつらい経験をきっかけに自らの障害に気づくことになった。障害者福祉や公的扶助によって、社会生活を維持することができたが、プライベートではDさんの障害を嫌厭《けんえん》したパートナーを失うことになってしまった。

では、障害者福祉につながらないまま、子ども期から青年期のライフコースを経た障害のある若者の困難はどのようにあらわれているのだろうか。

（3）累犯とホームレス状態を経て支援に結びつく

Eさんは軽度知的障害のある30代の男性である。小学校から勉強がわからず不登校気味であり中学校から特別支援学級となった。母はパチンコで借金を重ね両親は離婚した。家には食べ物もお金もなく、稼げると友人に誘われてバイクを盗んだため児童自立支援施設に入所した。その後、窃盗や器物損壊などで医療少年院、少年刑務所に入所した。その間、暴力団関係者に衣食住の面倒をみてもらい、立ち看板などをしていたが、景気悪化でその仕事を失いホームレスとなった。ふたたび刑務所に入って出所する際に療育手帳を取得。地域生活定着支援センターの調整で生活困窮者支援団体とつながり、生活保護を受けながら障害福祉サービス事業所とグループホームの利用となった。福祉的就労の月給は５０００円だが、ときどき母に会い金を無心されると渡してしまう。

非行問題を中心に対応する児童自立支援施設は、社会的養護の児童福祉施設の一種であるが、知的障害や発達障害など何らかの障害がある子どもの割合は46・7％を占めていることが明らかになっている▼18。

また近年、矯正施設（刑務所・少年院）においても、多くの知的障害者が存在することが指摘されている。平成29年矯正統計年報によると、２０１７年中の新受刑者1万９３３６人のうち、ＩＱ69以下の医学モデルでいう知的障害者は３８７９人であり、新受刑者に対する比率は20・1％である▼19。この状況については、山本（2006）、佐藤（2007）、本間（2009）などの著作でも紹介されている。しかし、「この現実は最近生じたことではなく、現在の刑事手続が成立するはるか以前から存在したものであり、今まで司法も福祉もその現実に目を向けていなかったに過ぎない」（内田ら 2011：14）との指摘がある。Ｅさんは小銭をとるために自動販売機を壊すなど、軽微な犯罪を繰り返しており、累犯障害者の典型であると言える。ホームレスの人々の中に、障害のある人が多く含まれていることについて、古くは浮浪者対策の時代から指摘されてきたが、近年の調査においてより具体的な状況が明らかにされつつある▼20（山田 2009；森川 2011；中野 2013；鈴木 2012；山口 2016）。

従来、特別支援教育や障害児福祉の文脈で、「行き場のない子ども」といった場合、障害が重度であったり行動障害などにより対応が難しかったりすることにより、学卒後の居場所が家庭以外にない子どもを指していた。つまり、家庭はあるが日中に通う場所がないことが問題であるため、親や教師が日中の居場所をつくりあげる運動が共同作業所づくり運動であった。その運動は障害児者福祉の充実化に影響を与え、今日の障害者総合支援法にもとづく障害福祉サービスなどの制度化に結びついた。しかし、家庭にも居場所がない場合はどうなっていたのか。そういった子どもの存在は見えてこなかった。

Ｅさんは刑務所出所後に初めて療育手帳を取得している。知的障害があることは中学校で現在の特別支援学級に配属することになった時点で明らかにされていたはずである。しかし、Ｅさんの父母は、それ以前に障害を認識することはなかったのかどうかは不明だが、少なくともＥさんの障害について何ら対応はしてこなかった。Eさんは小学校の早い段階で「勉強がわからない」ことにより不登校となったが、障害の発見と対応が早ければ状況は異なっていたかもしれない。障害の発見が遅れたことにより必要な教育を受ける機会を先延ばしにしてしまったとも考えられる。一方でEさんのインタビューからは、母親も「手帳をもっていた」ことから、何らかの障害があったことが示唆されている。

これまでの人生で一番幸せだったのは、児童自立支援施設での生活だという。「寮長・寮母というお父さんとお母さんみたいな人がいて、みんなでスポーツをしたり、いろいろなところに連れていってくれたりした」という。また、学校生活で楽しかったことは特別支援学級の活動で弁当屋に実習に行ったことだという。そこでは皿洗いなどを経験した。その後、暴力団関係者に衣食住を提供されて立ち看板の仕事をしていたときを思い返し、「やくざはいいひとが多い」と述べている。ただ、立ち看板の仕事は14時間立ちっぱなしのこともあり、また違法の業態であったため労働力の搾取という側面があるが、Eさん自身にそういった認識はない。

Eさんは中学校から特別支援学級に所属していたものの、自分に障害があるとは思っていなかったという。自分に障害があると気づいたのは18歳頃であったというが、刑務所で30代になってから療育手帳を取得した。知的障害の判断基準となる「おおむね18歳まで」▼21を大幅に超えた年齢での療育手帳取得には困難が伴うこともあるが、地域定着支援センターの支援につなげるためには手帳取得が必要であった。障害福祉サービスを利用しEさんの生活を安定させるためには、まず、手帳を取得して「障害者」となることが重要であった。しかし、ライフコースの中で様々な困難を経験しながらも、長らく障害者が利用できる制度やサービスを利用せずに生活してきたEさんにとって、「障害者」とラベリングされることと引き換えに与えられる安定した生活は、自身のアイデンティティの葛藤を生じさせることにもなっている。

郵便はがき

料金受取人払郵便

神田局
承認

7451

差出有効期間
2021年7月
31日まで

切手を貼らずに
お出し下さい。

101-8796

537

【受 取 人】

東京都千代田区外神田6-9-5

株式会社 明石書店 読者通信係 行

お買い上げ、ありがとうございました。
今後の出版物の参考といたしたく、ご記入、ご投函いただければ幸いに存じます。

ふりがな お 名 前	年齢	性別

ご 住 所 〒 -

TEL ( ) FAX ( )

メールアドレス	ご職業（または学校名）

*図書目録のご希望 □ある □ない	*ジャンル別などのご案内（不定期）のご希望 □ある：ジャンル（ ） □ない

書籍のタイトル

◆本書を何でお知りになりましたか？

□新聞・雑誌の広告…掲載紙誌名［　　　　］
□書評・紹介記事……掲載紙誌名［　　　　］
□店頭で　□知人のすすめ　□弊社からの案内　□弊社ホームページ
□ネット書店［　　　　］　□その他［　　　　］

◆本書についてのご意見・ご感想

■定　　価	□安い（満足）	□ほどほど	□高い（不満）
■カバーデザイン	□良い	□ふつう	□悪い・ふさわしくない
■内　　容	□良い	□ふつう	□期待はずれ

■その他お気づきの点、ご質問、ご感想など、ご自由にお書き下さい。

◆本書をお買い上げの書店

［　　　　市・区・町・村　　　　書店　　　　店］

◆今後どのような書籍をお望みですか？

今関心をお持ちのテーマ・人・ジャンル、また翻訳希望の本など、何でもお書き下さい。

◆ご購読紙　(1)朝日　(2)読売　(3)毎日　(4)日経　(5)その他［　　　　新聞］

◆定期ご購読の雑誌［　　　　］

ご協力ありがとうございました。

ご意見などを弊社ホームページなどでご紹介させていただくことがあります。　□諾　□否

◆ご 注 文 書◆　このハガキで弊社刊行物をご注文いただけます。

□ご指定の書店でお受取り……下欄に書店名と所在地域、わかれば電話番号をご記入下さい。
□代金引換郵便にてお受取り…送料+手数料として300円かかります（表記ご住所宛のみ）。

書名	冊
書名	冊

ご指定の書店・支店名	書店の所在地域 都・道　府・県　　市・区　町・村
	書店の電話番号　（　　　）

3　なぜ大人になることが難しいのか

（1）子ども扱いと自立の強制のはざまで

本来、障害のある子どもは障害のない子どもよりも自立に長い時間と丁寧な教育、ケアが求められる。しかし、障害ゆえに被っている不利にもかかわらず、障害のない若者以上に自立を迫られている（新藤 2013）。しかも、親、家族がいない子どもに対してはそれがより一層あからさまになっている。これまでみてきたように、障害のある若者に対する支援のあり方は、障害認定というラベリングをすることで成り立っている。その人のありのままを支援することが望ましいが、障害者というラベリング（障害判定、手帳取得、障害支援区分認定）をすることによって制度化された社会資源を利用できるというシステムになっている[22]。そのことが本人のなりたい大人のなりかたを狭め、逆に大人になることを難しくしている側面がある。一方で支援者の立場からすると「障害者手帳はその方のお守りのようなもの」（Eさんの支援者の語り）として、もし、支援者の手から離れていったとしても、何らかの福祉制度につながることができるという意味での安全網として必要だとしている。とりわけ社会的養護で養育されてきた子どもたちへの支援として、教師や福祉職は、特別支援学校進学への強力な導き、手帳取得、障害者雇用枠での就職支援に取り組んでいる。その支援の方向性が本人の思いと異なっていたとしても、家族が頼りにならないという状況に鑑みれば、パターナリスティックな支援になろうとも、就労による経済的自立を最優先せざるを得ない現状がある[23]。しかし、こうした子ども／若者たちは、障害によって進学・就職の機会が限定されるため働いても低賃金にならざるを得ず（賃金を得ても家族による搾取の対象となることもある）、成人期以降もライフコースを通じて貧困から脱出するチャンスも見込みもない状況に陥ってしまうことが少なくない。就労による経済的自立を優先しすぎることは、障害年金や生活保護を活用しながら生活を送るという選択肢を見えにくくさせているのではないだろうか。

結果として、青年期における福祉・教育・労働は、子ども期に貧困状態にあった障害者を貧困から脱出させるようには作用していない（新藤 2015）。特に本章で取り上げた、障害児入所施設などの利用には至らないいわゆる中・軽度の知的障害などがある子どもは、「（勉強や仕事を）努力すれば貧困から脱出できる」というディスコースからあらかじめ排除されていると同時に、家族によるケアと福祉制度すなわち国家によるケアの狭間におかれている存在であるにもかかわらず、形式的な自立として労働市場への参入が強制されている。

（2）障害のある若者のシティズンシップ

一方で、（知的）障害があることによって「大きな子ども」（新藤 2013）として扱われ、進学・就職以外についてもライフコースにおける選択を制限されている。子どもが「大人になる」ということの意味は、教育を受けてまっとうな仕事に就くといういわば公式的あるいは公共的な意味での社会生活の領域と、家族や友人との関係で何らかの役割を果たすといったプライベートな（私的な生活の）領域の両面があると考えられる（太田 2005）。しかし、福祉制度による支援は前者に偏重している。たとえば、人々のライフコースの中で、「標準的出来事」に含まれるものとして、進学、卒業、就職、結婚、子の出産などがある（Clausen 1986＝2000）。障害のある若者に対する支援のうち、進学や就職は先に述べた通りであるが、結婚や出産に関しては制度的な支援が圧倒的に不足している[24]。たとえば、知的障害当事者は恋愛や結婚に関して意識や意欲をもっている一方で、当事者の親や福祉施設の支援者は、知的障害者の恋愛や結婚をほとんど想定していないことが明らかにされている（新藤 2013）。厚生労働省の調査によれば、療育手帳をもつ知的障害者（65歳未満）の81％には同居者がいるが、そのうち「夫婦で暮らしている」すなわち配偶者がいる者はわずか4・3％である[25]。また、「知的障害のある女性の育児支援については、その育児の実態すら明らかにされていない」（木戸・林 2002：45）という指摘もある。

では、貧困の家庭に育った障害のある子どもが若者らしく、ライフコースにおける「標準的出来事」の経験を選択しうる人生を生きるためには、どのようなことが必要であろうか。

ウォーレスらは、「大人であるとは（中略）自立したシティズンシップ[26]をもった状態」（Jones et al. 1992=2002: 3-4）であるとし、マーシャルのシティズンシップ論[27]を、若者が「大人になる」という視点で検討している。その際、若者が大人の地位を達成する「指標」として、私的（privately）、公共的（publicly）、公式的（officially）の3つの「指標」（markers）をあげている（Wallace et al. 1992）。これは、前産業社会における大人の地位達成のしるしであった「通過儀礼」に代わるものであるという。私的な指標とは、必ずしも他人によって承認されたものではないが、重要な地位の「取得」かもしれないという類のもの（初めての性体験、初めての飲酒など）、公共的な指標とは、主に家族や共同体からの認知を得るもの（婚約パーティ、結婚式等）、公式的な指標とは、資格証明書や失業手当を得る権利などであるとしている。

プリーストリーは、こうした文化に応じた成人として認められる「通過儀礼」のようなものを経験することについて、障害者は対象とされていないと批判しているが（Priestley 2003）、筆者はこれまで、若者が大人の地位を達成するための3つの「指標」を知的障害者に援用して検討してきた（新藤 2013）。すなわち、まず私的な指標の達成には、家族以外に関わりをもてるメンバーの存在が大きな意味をもつ。また、公共的な指標の達成には、家族や学校以外に、障害当事者が参加できる場の整備が求められる。さらに、公式的な指標の達成には、教育機会や所得の保障が欠かせない。このように、シティズンシップ概念を適用すれば、「大人になる」というプロセスには、私的・公共的・公式的の3つの指標の達成が含まれる。

障害のある若者の多くは、一般雇用や障害者雇用であれ、福祉的就労であれ、働くことによって公式的な領域での大人の地位の達成を目指すべしとされ、本章で紹介した5人のケースにみられるように、障害のある若者の支援は、主としてこうした教育や就労などの公式的な領域の課題が取り上げられてきた。Bさんと Cさんのケースからは、公式的な領域での地位はほとんど達成されているように見える。しかし、ライフコースの視点からみると、公式的な領域のみに着目することは、「大人になる」プロセスの断片に過ぎない。

障害のある若者にとっての公共的な領域についてAさんのケースで考えてみると、Aさんは母親のネグレクトによって、不適切な養育環境で暮らさざるを得なかったが、親子の生活は地域の障害児者を支える人々のネットワークの中で見守られつつの暮らしでもあった。しかし、いったん社会的養護の対象となると、地域からひきはがされてしまった。つまり、社会的養護の措置はAさんの意思とは無関係に暮らす地域の変更を伴うものであった。措置解除後、Aさんは地域に戻ることができたが、地域で暮らすことはAさんの日常生活の中の私的なつながりが維持されることでもある。Eさんは刑務所を出所後、生活保護や障害福祉サービスを利用することによって、「生き直す」ことに挑戦している。家族がいない、あるいはつながりがない障害のある若者にとって、地域での居場所はシティズンシップにおける公共的な指標を考えるうえで重要である。

私的な領域については、友人関係をはじめ、恋愛や結婚などの私的な人間関係の構築、それらを取り結ぶためのコミュニケーションやセクシュアリティがあるが、Dさんは障害の判明がもとで、「障害」を嫌厭する恋人との関係が悪化し別れを余儀なくされた。障害者として生きることが、セクシュアリティを難しくするという側面については、障害者差別さらには優生思想とも関連していると考えられる。公式的な領域や公共的な領域に比較して、個人間の差異が大きい領域であるがゆえに、ライフコースの中で私的な領域での指標、たとえば恋愛や結婚の経験がなかったとしても、個人の問題として捉えられがちである。しかし、若者が「大人になる」プロセスにおいて、むしろ私的な領域の経験はより重要である。家族が脆弱であるがゆえに、子ども期に貧困を経験している障害のある若者にとって、家族をつくることや子どもをなすことについて、自分の意志や機会をもつことは、自分の人生を自分自身でドライブする感覚をもてる事項になりうる。

おわりに

このように障害のある若者は、「大人になる」ことを著しく制限されている。障害に加えてとりわけ家族が脆弱である子どもは複合的な不利を抱えており、そういった障害のある若者が「大人になる」ことの困難さは既に予期されている。しかし、本章で取り上げたケースのように、こうした若者が経験してきたライフコースをふまえると、実践も制度も、社会的養護性をおびた若者が自分の人生を自分で選ぶ（自己決定の）機会を奪っている。そのことが大人になることを難しくさせている。

公式的な領域すなわち教育や雇用の面での不利は制度政策的な問題として明らかにされ、対応すべきものとして位置づけられているが、公共的、私的な領域では、制限されていることすら明らかにされているとはいいがたい。公共的な領域として、地域での暮らしを自分で選択し地域の中での交流や人間関係の中で役割を得ることは、当事者自身や家族がそれを実現するための資源をもっている場合に限られている。また、私的な領域では、友人や恋人とつきあうこと、ましては結婚して子どもをもつことの可能性は著しく低い。

障害のある若者が、若者として「大人になる」プロセスを経験すること—それは自分の人生を自分で選ぶという経験でもある—は、ケアやサポートが必要になることを意味する。しかし、子どもから大人になるプロセスの中で、障害者福祉や生活保護などの制度によるケアやサポートを活用しながら生活を送るという選択肢は、就労による経済的自立を早期に急かされている当事者には示されず見えていない。だが、障害のある子ども・若者はライフコース全体を通じて支援が必要となる存在であり、「大人になる」ために様々なケアやサポートを得ることは、まったく正当なことである。人々はその正当性について合意しなければならない。そして社会の側は、個人として、制度として、その正当な要求に応えているか、どうすれば応えられるようになるのかを考えていかなければならない。

本章は、JSPS科研費15K13098（挑戦的萌芽研究）「社会的養護における障害児者の支援に関する研究——ライフコースの視点から」（研究代表者　新藤こずえ）及びJSPS科研費17H01023（基盤研究A）「子どもの貧困と学習の社会的成果に関する理論的実証的研究」（研究代表者　笹井宏益）の成果の一部である。

注

1　小中学校においては、1993年に通級による指導が制度化されて以来、2017年5月現在、全国で約11万人が通級による指導を受けており、その児童生徒数は年々増加し、2007年比で2・4倍となっている（平成30年度版　障害者白書）。また、特別支援学校の学校数は2017年度で1135校であり、2007年度の1026校から10年間で109校増加している。

2　2018年3月の特別支援学校高等部（本科）卒業生2万1657人のうち卒業者の学校区分は、人数が多い順に、知的障害1万8668人（卒業者全体の86・2％）、肢体不自由1841人（8・5％）、聴覚障害492人（2・3％）、病弱・身体虚弱366人（1・7％）、視覚障害290人（1・3％）であり、知的障害が圧倒的に多い（平成30年度学校基本調査）。

3　障害者総合支援法にもとづき、障害児者の生活介護、就労、移動その他日常生活・社会生活に関わる支援を障害支援区分の認定によって利用できる福祉サービスの総称である。所得に応じて利用者負担がある。

4　障害等級1級で月額8万1260円、2級で月額6万5008円（2019年度）。

5　厚生労働省「生活のしづらさなどに関する調査」（平成28年）によると、障害者の住まいの状況について、65歳未満の知的障害者では「家族の持ち家」53・9％がもっとも多く、次いで「自身の持ち家」8・4％、「民間賃貸住宅」12・5％、「グループホーム等」14・9％となっている。一方、身体障害者は「自身の持ち家」34・8％、「家族の持ち家」38・8％となっている。

6　障害児入所施設は18歳以上でも入所できる。

7　厚生労働省障害保健福祉部での推計値 https://www.mhlw.go.jp/file/05-Shingikai-12601000-Seisakutoukatsukan-Sanjikanshitsu_Shakaihoshoutantou/0000096740.pdf

8　「社会福祉施設等調査報告（平成28年10月現在）」及び「児童養護施設入所児童等調査結果（平成30年2月現在）」厚生労働省。

9　「社会的養護における障害児者の支援」に関する調査として、社会的養護を経験した障害者、児童養護施設職員、障害福祉サービス事業所、生活困窮者支援団体等を対象として実施（2015年9月〜2018年3月）。

10　松本ら（2013）が行った調査の結果では、被虐待児童の家族のうち、子どもにことばの遅れや知的障害・身体障害、養育者のいずれかにメンタルヘルス上の問題があるものは全体の4分の3に上っている。また、養育者のメンタルヘルスの問題と経済問題、社会的孤立状態にあったケースは全体の9割を占めている。

11　平成24年4月18日付厚生労働省社会・援護局障害保健福祉部障害福祉課、文部科学省初等中等教育局特別支援教育課連名通知。

12　こうした論点については、要田（1999）、土屋（2002）、中根（2006）が詳しい。

13　「職業自立をめざす」という教育目標が掲げられている高等部単独校が増加しており（越野 2014）、『社会から支えられる側から、社会をささえる側へ』と、可能な限り一般就労させてタックスペイヤー（納税者）になること」（荒川 2010：18）を重視する「キャリア教育」が実践されている。

14　障害者権利条約で「合理的配慮」は、「障害者が他の者との平等を基礎として全ての人権及び基本的自由を享有し、又は行使することを確保するための必要かつ適当な変更及び調整」であるとされている。障害者雇用促進法においては、事業主に対し、合理的配慮の提供義務を定めている。

15　障害者基本法の改正（2012年）では「障害者」の捉え方について従来の医学モデルにもとづく定義のみならず社会モデルの視点が加えられた。同法では、「障害者」を「身体障害、知的障害、精神障害（発達障害を含む。）その他の心身の機能の障害がある者であつて、障害及び社会的障壁により継続的に日常生活又は社会生活に相当な制限を受ける状態にあるもの」と定義し、改正によって付け加えられた「社会的障壁」は「障害がある者にとつて日常生活又は社会生活を営む上で障壁となるような社会における事物、制度、慣行、観念その他一切のもの」であるとした。

16　近年、児童養護施設退所者調査は自治体ごとに行われつつあるが、知的障害を併せもつ障害がある退所者の場合は、そもそも調査に回答することが難しい可能性もあり、退所者調査で障害のある退所者の状況がどれくらい捕捉できているのかを見極める必要がある。

17　金子（2017）は、とりわけ精神疾患や精神障害に対してはスティグマが強く、ケアが社会的にほとんど整備されていないため、彼らの貧困は当然のごとく自己責任化され、また家族の責任に帰せられていると指摘している。

18　「児童養護施設入所児童等調査結果（平成25年2月現在）」厚生労働省。

19　テスト不能の873人の中にも知的障害者が含まれている可能性がある。

20　北九州ホームレス支援機構の山田（2009）によれば、ホームレス自立支援センター北九州の退所者全体の28・0%が療育手帳を取得している。精神障害や身体障害を抱える者も含めると5割に達している。また、精神科医の森川すいめいの調査（2011）では、東京都の一地区における路上生活者の約6割に統合失調症、うつ病、アルコール依存症など何らかの精神病性の症状がある。山口（2016）では、北海道のホームレス支援施設利用者全体の35・0％に何らかの「障害あり」となっている。

21 知的障害児（者）基礎調査では、知的障害を「知的機能の障害が発達期（おおむね18歳まで）にあらわれ、日常生活に支障が生じているため、何らかの特別の援助を必要とする状態にあるもの」と定義している。

22 平成30年度障害者白書によると、身体障害、知的障害、精神障害の3区分で障害児者数の概数をみると、身体障害者436万人、知的障害者108万2000人、精神障害者392万4000人となっており、国が把握している知的障害児者は、人口の0・74％である。一方、中野（2013）は、国勢調査、療育手帳取得者数、一般的に知能指数（IQ）70未満の出現率とされている2％強、知的障害児（者）のデータを比較し、「知的障害は知能指数だけで判断できるものではないとしても、障害の出現率と実際の療育手帳取得者の間には大きな差があり、制度利用にたどり着いていない知的障害者が多数潜在化していると考えられる」と指摘している。

23 中野（2013）では、「学齢期に軽度の知的障害があると判定されていても、親自身がわが子の障害受容ができない場合、あるいは学校関係者等が「療育手帳を取得すれば『障害者』と認定され、かえって就職の際に不利になる」と手帳の取得を進めないケースもある」と指摘しているが、新藤（2016）では、親・家族が頼りにならない場合、むしろ学校関係者や児童養護施設等関係者は、子どもが「障害者」と認定されることによって、障害者福祉、障害者雇用の枠組みの中で、将来の道筋をつけようとするケースがみられる。

24 一部の先駆的な実践を除く。先駆的な実践としては、ゆたか福祉会（愛知県）や南高愛隣会（長崎県）の取り組みがある。南高愛隣会結婚推進室「ぶ～け」（長崎県）の実践については平井（2016）が詳しい。

25 厚生労働省「生活のしづらさなどに関する調査（全国在宅障害児・者等実態調査）」（平成28年）。ちなみに身体障害者手帳所持者の52・1％、精神保健福祉手帳所持者の27・1％は夫婦で暮らしている。

26 近代国家におけるメンバーとしての個人の地位を表す用語。個人と国家の間の、権利と義務に関する契約を指す。たとえば、個人は投票や納税の義務を負い、国家は必要に応じてケアや福祉事業を供給する（Jones et al. 1992＝2002）。

27 「シティズンシップとは、ある共同社会の完全な成員である人びとに与えられた地位身分である。この地位身分をもっているすべての人びとは、その地位身分に付与された権利と義務において平等である」（Marshal 1992＝1993：37）。具体的には、市民的、政治的、社会的の三つの要素からなるひとまとまりの権利である。市民的要素は、個人の自由のために必要とされる諸権利から成り立っている。政治的要素は政治的権利を認められた団体の成員として、あるいはそうした団体の成員を選挙する者として、政治権力の行使に参加する権利のことを意味している。社会的要素は経済的福祉と安全の最小限を請求する権利に始まって、社会的財産を完全に分かち合う権利や、社会の標準的な水準に照らして文明市民としての生活を送る権利に至るまでの、広範囲の諸権利のことを意味している（同前）。

引用・参考文献

荒川智（2010）『障害のある子どもの教育改革提言——インクルーシブな学校づくり・地域づくり』全国障害者問題研究会出版部

Barnes, Colin. Mercer, Geoffrey. Shakespeare, Tom. (1999=2004). *Exploring Disability: A Sociological Introduction*, Polity Press.（杉野昭博・松波めぐみ・山下幸子訳（2008）『ディスアビリティ・スタディーズ——イギリス障害学概論』明石書店）

Clausen, J. A. (1986). The Life Course: A Sociological Perspective (Prentice-Hall Foundations of Modern Sociology Series), Prentice Hall.（佐藤慶幸ほか訳（2000）『ライフコースの社会学』早稲田大学出版部）

NPO法人ブリッジフォースマイル調査チーム（2017）「全国児童養護施設調査２０１６　社会的自立に向けた支援に関する調査」ブリッジフォースマイル

藤原里佐（2013）「虐待事例に表われる障害と貧困——家族の脆弱性という視点から」『大原社会問題研究所雑誌』657、32〜43頁

平井威・「ぶ〜け」共同プロジェクト（2016）『ブ〜ケを手わたす　知的障害者の恋愛・結婚・子育て』学術研究出版

本間龍（2009）『「懲役」を知っていますか？　有罪判決がもたらすもの』学習研究社

伊部恭子（2013）「施設退所後に家庭復帰をした当事者の生活と支援——社会的養護を受けた人々への生活史聞き取りを通して」『社会福祉学部論集』9、1〜26頁

伊部恭子（2017）「社会的養護経験者が語る「支えられた経験」とその意味——15人への生活史聴き取りを通して」『福祉教育開発センター紀要』15、35〜56頁

伊藤嘉余子（2013）「満年齢で措置解除となった児童養護施設退所者へのアフターケア——支援内容と支援時期との関連性の検証」『社会問題研究』62（141）、1〜11頁

木戸久美子・林隆（2002）「知的障害のある女性への育児支援に関する実態調査」『山口県立大学看護学部紀要』6、45～53頁
金子充（2017）『入門　貧困論』明石書店
木前利秋ほか（2012）『葛藤するシティズンシップ』白澤社
児玉真美（2017）「ある母親にとっての『親亡き後』問題」『障害者問題研究』45-3、178～185頁
越野和之（2014）「特別支援学校高等部をめぐる近年の諸問題」『障害者問題研究』42-1、2～9頁
公益財団法人日本知的障害者福祉協会児童発達支援部会（2016）『平成26年度全国知的障害児入所施設実態調査報告』
京都市（2017）『児童養護施設等退所者の生活状況及び支援に関する調査報告書』
Marshal, T.H and Bottomore, Tom. (1992). *Citizenship and Social Class*, Pluto Press.（岩崎信彦訳（1993）『シティズンシップと社会的階級』法律文化社）
松本伊智朗（2013）『子ども虐待と家族——重なり合う不利と社会的支援』明石書店
宮本みち子（2002）「付録　ポスト産業社会のゆくえ——現代日本の若者をどうとらえるか」Jones, Gones and Wallace, Claire（1992）*Youth, Family and Citizenship*. Open Universuty Press.（宮本みち子監訳（2002）『若者はなぜ大人になれないのか——家族・国家・シティズンシップ』新評論、267～296頁）
森川すいめい（2011）「東京都の一地区におけるホームレスの精神疾患有病率」『日本公衆衛生雑誌』58、331～339頁
中根成寿（2006）『知的障害者家族の臨床社会学』明石書店
中野加奈子（2013）「ホームレス状態に陥った知的障害者のライフコース研究」『佛教大学大学院社会福学研究科篇』41、33～44頁
西田芳正編（2011）『児童養護施設と社会的排除 家族依存社会の臨界』解放出版社
太田こずえ（2005）「障害のある若者の「自立」に関する考察」『教育福祉研究』11、1～9頁
Priestley, M. (2003). *Disability-A Life Course Approach*, Polity.
埼玉県福祉部こども安全課（2013）『埼玉県における児童養護施設等退所者への実態調査報告書（平成25年1月）』
堺正一（2013）「児童養護施設等から通学する知的障害特別支援学校の生徒の実態」『立正大学社会福祉研究所年報』15、33～45頁
櫻谷眞理子（2014）「児童養護施設退所者へのアフターケアに関する研究——社会的自立を支えるための施設職員の役割を中心に」『立命館産業社會論集』49（4）、139～149頁

佐藤幹夫（2007）『裁かれなかった罪裁かれなかった「こころ」17歳の自閉症裁判』岩波書店
新藤こずえ（2013）『知的障害者と自立――青年期・成人期におけるライフコースのために』生活書院
新藤こずえ（2015）「障害のある若者と貧困――ライフコースの視点から」原伸子・岩田美香・宮島喬編『現代社会と子どもの貧困――福祉・労働の視点から』大月書店
新藤こずえ（2016）「児童養護施設における障害のある子どものライフコースに関する一考察」『立正大学社会福祉研究所年報』18、15～22頁
新藤こずえ（2018）「複合的な不利を抱える家庭で暮らす障害のある子どもの支援に関する一考察――知的障害のある子どもと精神疾患を抱えた母親の事例から」『立正大学社会福祉研究所年報』20、115～123頁
鈴木文治（2012）『ホームレス障害者――彼らを路上に追いやるもの』日本評論社
田島良昭ほか（2007）「虞犯・触法等の障害者の地域生活支援に関する研究」厚生労働科学研究費補助金障害保健福祉総合研究事業報告書
田中智子（2009）「障害者のいる家族に生じる不安定さと生活問題の諸相」『総合社会福祉研究』35、25～37頁
田中智子（2010）「知的障害者のいる家族の貧困とその構造的把握」『障害者問題研究』37-4、21～32頁
田中智子（2017）「障害者ケアから照射するケアラー女性の貧困」松本伊智朗編『子どもの貧困を問いなおす――家族・ジェンダーの視点から』法律文化社、225～240頁
谷口由希子（2016）「社会的養護離脱後のホームレス経験に関する研究――子ども時代の貧困の観点から」『人間文化研究』25、63～75頁
土屋葉（2002）『障害者家族を生きる』勁草書房
内田扶喜子ほか（2011）『罪を犯した知的障がいのある人の弁護と支援――司法と福祉の協働実践』現代人文社
山田壮志郎（2007）「ホームレス就労支援策の成果と課題」『総合社会福祉研究』30、85～97頁
山田耕司（2009）「ホームレス状態となった知的障がい者支援の現場から見えてきたもの――北九州における取組みについて」『ホームレスと社会』編集委員会『ホームレスと社会』1
山口大輔（2016）「北海道内におけるホームレス支援施設利用者の支援に関する研究――障害者手帳の取得状況と入所に結びつけた人・機関に着目して」『教育福祉研究』21、75～91頁
山本譲司（2006）『累犯障害者』新潮社
要田洋江（1999）『障害者差別の社会学』岩波書店

第5章

ひきこもりと社会参加の課題

──子どもと家族を取りまく孤立および「隠れ貧困」

…川北 稔

1　はじめに

「ひきこもる余裕があるのは、豊かな家庭だからなのではないか」。このように「ひきこもり」は、一見「子どもの貧困」と縁のない問題であるように思われるかもしれない。ひきこもりが社会問題化されたのは2000年前後だが、当時もひきこもりは「豊かさの病」などといった見解がニュース番組で語られたことがある。

はたしてひきこもりとは過剰な豊かさや甘えの産物なのか。こうした見方に対して、多くの研究者や支援者は、ひきこもることに甘えとは程遠い心理的な苦痛が伴うことを指摘してきた。特に、実際にひきこもった人自身が自分のひきこもり状態を「甘え」と解釈することで苦しんでいる。社会参加のブランクを許容しない価値観を強く抱いている人自身が、ひきこもり状況になると「まさか自分が」という思いに苦しむために、余計にひきこもり状態が長期化するなどの悪循環にはまり込んでしまう、というわけである（川北 2005）。

では、実際に経済的な背景とひきこもりはどれだけ関係があるのだろうか。こう考えると、ひきこもりと貧困との関係が正面から問われてこなかったことに気づく。さらに言えば、経済的な課題とひきこもりは敢えて別の問題であるかのように切り離されて論じられてきたのではないか。

本章ではまず、貧困と社会参加に関する問題（不登校やひきこもり）の関係を確認したい。「子どもの貧困」の概念は、子ども期の不利が、その後の人生に影響することを問題化してきた。しかし社会参加の問題（不登校やひきこもり）については、主として心理的な背景が強調され、経済的困窮の影響はあまり論じられてこなかった。近年は不登校の経済的な背景に関する指摘が見られるようになったが、不登校の公式統計における分類法などが経済的背景を不可視化するように作用してきた。

一方で、貧困と無関係にひきこもりが生じている場合があるように見えるのも確かである。そうした場合でも、就労や社会参加への社会的支援が乏しい中で、子どもを両親が支え続けるうちにひきこもりが長期化して経済的困窮へとつながっていく現実がある。子育てや子どもの自立が「親頼み」になっている社会において、就学や就労につまずいた若者の生活も親が抱え続けざるを得ない。子どもや若者本人は、個人として見たときは経済的に極めて脆弱な存在でありながら、その貧困は社会的に可視化されづらい。以下では家族会や生活困窮者の相談窓口の調査事例を交え、顕在的な貧困と対比して、「隠れ貧困」という視点で議論する。

ここで本章での用語について整理しておく。「ひきこもり」は家族以外の社会参加が失われていることであり、社会的孤立の一種と考えられる▼1。本章では学齢期の不登校などの孤立状態も併せて取り上げる。

次に、「子ども」の範囲についてである。「子どもの貧困」を扱う以上、子どもの年齢区分が問題になる。しかしひきこもりは「思春期・青年期の延長」といった形で論じられてきたように、つねに子どもや若者の区分そのものを揺るがす課題でもあった。子ども・若者期への社会的支援が欠け、その時期の課題が先送りされていることが、近年「８０５０問題」（80代の親と50代の子どもという組み合わせなど、高齢者と無職などの子どもの同居をめぐる問題）と呼ばれるように壮年期までも影響を及ぼしている。

また生物学的な年齢とは別に、親元で生活している成人が「子ども」としての社会的位置づけを与えられることも、本章では検討の対象にしたい。そのため、以下では特に年齢を区切らずに議論を進め、本章の最後に「子ども」期の貧困に対する含意をまとめる。

2 貧困と社会参加の関係

(1) 貧困がもたらすひきこもりが生じる社会的孤立

学校に通う子どもにひきこもりが生じると、不登校と重なって生じることになる。子どもの貧困への関心が高まるとともに、「養護型不登校」などの用語で、不登校と家庭環境やネグレクトとの重なりも指摘され始めている（西原 2010；山口 2013）。板橋区では、生活保護受給世帯で中学生の不登校発生率が一般世帯の4倍以上であることが報告されるなど、自治体レベルでは貧困と不登校の関連を探る試みがある（子どもの貧困白書編集委員会編 2009）。困窮した家庭では子どもを学校に送り出す力が弱まる。林（2016）の生活保護家庭に関する研究では、親を支えることが子どもの役割となることで、さらに学校との距離が遠くなり、子どもは残った自己存在感をなおさら家庭の中に求めていく過程を浮かび上がらせている。

しかしこうした指摘はまだ部分的なものにとどまる。逆に子どもの孤立と貧困との関係は不可視化されてきたように思われる。たとえば文部科学省の統計（学校基本調査）では、長期欠席を「不登校」や「経済的理由」「病気」によるものに分類しているが、「経済的理由」に分類される長期欠席（年間30日以上）は全国の小学生でわずか15人、中学生で9人である。これは24万人を超える長期欠席の児童生徒に対して限りなく例外的な扱いでしかない▼2。子どもの貧困率が13・9％（2015年）とされるのに対して▼3、長期欠席の統計において貧困は不可視化されているといってよい。一方で「不登校」の理由は学校での対教師関係・友人関係や、「『不安』の傾向」「『無気力』の傾向」という心理的カテゴリーに割り振られる▼4。

このような統計上の分類も固定的なものではない。広井らの指摘によれば、かつて「怠学」による長期欠席が注目され、非行とともに地域の経済格差と関連がみられた（広井・小玉 2010）。しかし心理的な背景をもつ「登校拒否」の概念が影響力を強めるとともに、教育相談の専門家によって「怠学」はその一部として扱われた。文部省の統計でも怠学が登校拒否の態様に含まれるとともに、1988年から新たに「あそび・非行」および「無気力」へ置き換えられた。ただ近年の調査でも「無気力」は高い割合を示している▼5。特にひきこもりとの関連では、家庭の影響で学校と距離が遠のき、「あそび・非行」のように外向的にならないケースが「無気力」に含まれている可能性がある。

しかし不登校に関する専門書や一般書はおおむね心理学や精神医学の立場から刊行されており、親が子どもに接する際の配慮などが助言されているものの、経済的事情に触れたものはほとんど見られない。現実に存在する貧困と不登校は見えづらいものにとどまっている。

（2）社会的孤立はどこで生まれるのか——教育、家族、仕事

一方では、不登校やひきこもりが貧困と直接関わらずに生じているように見えることも確かである▼6。社会的に孤立した時の対応は、経済的な支援とはいったん無関係に行われ、心理相談などの領域と捉えられやすい。そして現実に生じている経済的な負担などは家庭が負担せざるを得ない。

本田（2014）は、「戦後日本型循環モデル」という形で教育、家族、仕事の関係を論じている。この3

つの順に人材が循環していくことを示した議論であるが、標準的とされる循環から外れる子ども・若者がどのような困難を抱えるかを理解するためにも活用できるだろう。家族は教育の場（学校）へ子どもを送り出し、続いて学校は職場へと子どもを送り出す役割を負う一方、不登校などで教育を受けられなかった人々の再教育までを担っているわけではない。また新卒一括採用のシステムの中で、職場においても再教育は期待できない。それゆえ子どもが就学や就職に困難を抱えた場合には、家庭が再度子どもを支える場となる。

しかし家庭は、標準的ライフコースを外れた子どもを再教育するための実質的な機能を備えているわけではない。無事に就学や就職を果たせればよいが、子どもが不登校になったり、ひきこもったりすることは家族にとっても想定外である。筆者のインタビューでも、娘が大学に進学し、子育ても終わりと思った時期に青天の霹靂《へきれき》でひきこもりが始まった母親や、息子がひきこもった結果、「自分の親にはしてもらったことがないような言葉がけ」を息子に対して実践することになった父親の戸惑いが語られている（川北 2010）。学齢期における貧困や、生まれつきの障害は比較的早期に顕在化するが、比較的年齢が高くなってからの不登校やひきこもりは社会的な支援の対象と考えられず、家庭の責任に帰されやすい。

１９９０年代以降、若者の失業率や非正規雇用率が上昇し、親の世代の経済力に依存した生活を余儀なくされている。未婚化が進展し、壮年期まで親元に同居している未婚者が増えている。１９９５年に未婚率が30代で22・6％、40代で9・9％であったが、２０１５年には30代で33・5％、40代で22・4％に上昇した。未婚者に占める親との同居率は、同じ期間に30代で60・8％から62・9％に、40代で47・5％から58・7％に上昇している（１９９５年および２０１５年の国勢調査より集計）。

ビッグイシューによる調査では、20代・30代で未婚、年収２００万円未満の若者のうち77・4％が親元で暮らしている▼7。親元で同居する若者で無職率が42・7％と高い（単身の場合は26・8％。若者一般での無職率は14・3％）。同居の理由は住居費を自分で負担できないことが53・7％と多い。かつて「パラサイト・シングル」と呼ばれたような裕福な未婚者ではなく、非正規雇用などによって経済的に脆弱な層が同居を増加させている（藤森 2017）。社会的排除論では、こうした参加の形を「中途半端な接合」と呼んでいる（岩田 2008）。親同居者では「不登校やひきこもりを経験した」割合が24・3％（別居者16・3％）、「いじめ」36・8％（同25・3％）、「うつ病などの精神的問題」は28・5％（同24・3％）など、ライフコース上の困難を経験した割合が高い。

このように非正規雇用、経済的な脆弱さ、未婚といった経験が、広範囲の若者に広がっている。不登校などの形で早期に孤立を経験した子ども・若者だけでなく、不安定さを抱えながら親元で生活している若者が離職などの困難に直面すると、その生計の問題や精神的ストレスを家族が吸収せざるを得ない。学齢期を終えた子ども・若者が青年期や壮年期に経験する困難は、見えにくい形で家族の中に積み重なる。その一つの形がひきこもりであると考えられる。

3 家族会と生活困窮者窓口の事例から

ここでは、2つのフィールドから集められた「ひきこもり」経験の事例を検討していきたい。第1はひきこもりに対応している両親たちが集まる家族会、第2は生活困窮者の相談窓口である。

Ⅰ　調査事例による考察

（1）家族会の調査事例

ＫＨＪ全国ひきこもり家族会連合会では、厚生労働省の委託によって、40歳以上のひきこもり状態にある人、61事例についての聞き取り調査を実施した▼8。現在の年齢は平均で45・3歳、ひきこもり状態になった年齢の平均（ひきこもり開始年齢）は22・9歳となった。性別は男性が52事例、女性が9事例である。「就労経験がある」のは46事例だった。そのうち「正社員」17事例、「アルバイト」23事例である。就労開始年齢は平均20・7歳（ただし回答があったのは34事例）、終了年齢は平均27・3歳（ただし回答があったのは32事例）である。

ひきこもり歴を2つのパターンに分けると学齢期から「就労定着」までにひきこもり状態が始まった場合と、「就労定着」後にひきこもった場合がある。前者は61例中44例であった。20歳前後の就職期までに問題が生じ、以後20年ほど経過しているという例がひとつの典型と考えられた。

【事例1】

40代男性。ひきこもり始めた時期：10代後半。家族構成：母、弟（別居）。現在の状況：作業所で就労支援を受ける。

（本人の状況）小学校、中学校不登校傾向。高校は2日間だけ通う。以後、家族との買い物や旅行に出かけるのみで、友人や社会との接点なし。

（家族との関係）父親から厳しいしつけを受けた。不登校時に電化製品の器物破損があった。父から就労に向けてプレッシャーをかけられると部屋に閉じこもる。母に暴言、暴力があったため、病院に医療保護入院。退院後、母との関係が困難となる。30代になって父が病気になり、本人は落ち込んだ様子で母への暴力が収まる（のちに父と死別）。

（相談の状況）母親が病院、保健所に相談。それぞれ数回のみで中断した。20代後半で医療保護入院。


【事例2】


50代男性。ひきこもり始めた時期：30代。家族構成：弟と2人暮らし。姉、妹（いずれも別居）。現在の状況：社会参加なし。生活困窮者支援の窓口で相談中。

（本人の状況）大学院に通っていたが、教授から理解されないと感じ、退学。その後就職に失敗、友人との付き合いを続けていた。しかし友人との付き合いが途絶え、自宅にこもるようになる。

（家族の関係）30代で父が死去。40代で母が急病で死去。本人の姉と妹が連絡を取るが、本人は拒否的で会話は難しい。

（相談の状況）父母とも地位が高い職業（税理士、教員）で、本人のことを外に出さなかった。


【事例3】


40代男性。ひきこもり始めた時期：20代。家族構成：父、母と同居。弟、祖母（別居）。現在の状況：時々ボランティア活動に参加。

（本人の状況）大学を中退。専門学校に入学、人の多い教室が苦手で苦労して卒業した。その後、買い物などの外出のみ。体調がいい時期と悪い時期を繰り返す。調子が悪いと買い物の外出も難しい。精神科の治療を受け、気分の波が落ち着く。やや無気力な様子。
（家族との関係）体調が悪く、母親に無理な要求（買い物）をすることがあった。
（就労の状況）20代でアルバイトを半年経験。仕事の要領が悪く上司の叱責があった。

（2）生活困窮者の「自立相談支援」窓口の調査事例

生活困窮者自立支援法に基づく自立相談支援事業（必須事業）は、２０１５年度に開始された。福祉事務所が置かれている全国の自治体約９００か所（都道府県、市、特別区では福祉事務所の設置が義務づけられている）に加え、町村などの窓口を加えて約１３００か所の窓口が置かれている。自立相談支援窓口では、相談支援員や就労支援員による相談が実施されるとともに、就労準備支援事業や家計相談支援事業などの任意事業への入り口にもなっている。ＫＨＪひきこもり全国家族会連合会では、２１５か所の相談窓口を抽出し、１５１窓口からの回答を得た。そのうち１０９窓口からは、40歳以上の支援事例について回答が得られた▼9。また訪問調査によって相談例の詳細を聞くことができた▼10。そのうちの3例を紹介する。

【事例４】

40代男性。ひきこもり始めた時期：20代前半。家族構成：父、母と同居。現在の状況：地域活動支援センターに通所。

窓口に直接の連絡ではなく、地域包括支援センターで制度を利用している父親が息子に関する問題を打ち明けたことから対応が始まった。長年のひきこもり状態の中で、父親と本人との折り合いが悪くなっているようだ。支援員は本人へのアプローチを模索し、本人が趣味の外出先として「競馬場に行く」ことができることを知った。支援員と年齢的にも同じような年代だったこともあり、「ちょっと、そのことについて聞きたいんだけど、来てくれる?」と持ちかけると、渋々ながらも来所に応じてもらえた。支援員が本人の話に興味を寄せるようにすると、話をしてくれるようになった。

【事例5】

40代女性。ひきこもり始めた時期:20代前半。家族構成:父、母、弟と同居。現在の状況:介護施設で就労。

弟も本人と同じようにひきこもり状態で、その弟から暴力を受けていた。「こんな思いをするくらいなら何とかして自立したい」という思いから自立相談支援窓口に相談した。当初、父親の介護を担当するケアマネージャーを通じて連絡があった。

両親は住み込みの仕事を転々として生活してきた。本人以外にもきょうだいが多く、暮らしに余裕がなかった。本人はコミュニケーションが苦手な傾向があるようで、高校を中退。就労経験はあるが、人からの指示に「いっぱいいっぱい」になり、どうしてよいかわからなくなることが多く、続かなかったという。

両親が高齢で、どちらも要介護状態で、通所のサービスを使っている。母は認知症の症状が進行中。

【事例6】

40代男性。ひきこもり始めた時期:20歳前後。家族構成:母、兄、姉と同居。現在の状況:通院中。

大学を中退してから約20年間家庭で過ごしていた。もともと家族に債務があるなどで困窮しており、その件で相談が始まった。母は疲弊し、きょうだいが支援を求めた。さらに話を聞くと「一番下の弟（両親からみた息子）が働かない」とのことであった。本人の母親と兄、姉と一緒に暮らしており、買い物には出かけるが、それ以外は家の中で暮らしている。10年くらい前から、家族が何かを言うと物を壊したり暴れたりがある。兄も姉も独身であり、母は80代になった。

大学を中退する前は、友人と少しだけアルバイトもしていた。きょうだいとの関係が悪く、能力を否定された結果、「自分はだめだ」という思いを強めた。本人はきょうだいとの関係を切ってしまいたいと訴えることがある。財産をめぐる争いもあり、父の遺産を兄弟で互いに取った、取られたなどの恨みがある。姉は本人が過去に荒れて怒鳴ったり物を投げたりした記憶があり、怖いから関わりたくないという。

Ⅱ　2つのフィールドの比較

（1）家族内の人間関係

単純な比較は難しいが、双方のフィールドから得られる知見を照らし合わせてみたい。家族会事例においては、就労や就学などに関する社会的規範に忠実な家族が、本人の状況を不安に思うあまり追いつめたという例が少なくない（事例1）。そのことも影響して「本人が家族を避ける」というように本人から家族への否定的な反応がある。生活困窮者の窓口でも家族間の否定的な相互作用は見られるが、社会的な規範への忠実さよりは、経済的事情などからきょうだいを含めた家族間の軋轢《あつれき》が生じているといえる。

社会規範の強さと関連して、「ひきこもり」の状態を両親が問題として捉えるかどうかにも違いがある。家族会の場合には、両親が主体的に家族会に参加した結果、家族会の事例に含まれている。あるいは、問題を恥と受け止めるあまりに両親が状況を外部に伝えることができず、きょうだいなどを通じて家族会につながった例がある。それに対し生活困窮者の窓口では、むしろ状況を「ひきこもり」として理解している人が少ない。生活の余裕のなさゆえに両親は対応ができなかったり、介護を通じて課題が表面化したりしている。

すでに述べたように戦後日本では家族から教育、仕事の領域へと人材を送り届ける循環が成立しており、家族はよりよい教育を子どもに受けさせるため努力を注いできた。このように学校教育に従属する形で教育に熱を上げる家族が「教育家族」と呼ばれる。こうした教育熱が空回りして親子関係を悪化させたという経緯は、不登校やひきこもり経験者の体験談では典型的に聞かれるエピソードといっていいだろう。ただ、困窮者窓口の例を見れば、この側面だけを絶対視することはできない。教育熱や子どもへの期待の過剰・過小にかかわらず、いったんひきこもりが始まると家庭が軋轢の場となることは共通している。

(2) 家族の経済的事情

生活困窮者窓口の場合には、家族の経済的困窮が明らかである。2017年度調査の109例において、本人について経済的に余裕がない、または困窮している例が65例だった。家族が困窮している例は37例である。生活困窮者の窓口以前に利用した相談機関や窓口として福祉事務所が24例ある。また支援を通じて連携した窓口として同様に福祉事務所が49例である。支援によって生活保護の適用に至った例は16例ある。

家族会の場合、61例のうち14例で経済的に困窮しているという回答があった。家族会では直接的経済的な逼迫などが語られることは少なく、将来的な不安の形で吐露されることが多い。子どもが40代となっても「小遣いを定期的に与えるか」などが家族会の会話のテーマとなっている。過去の家族会調査では、本人にかかる費用が月額で平均5万8000円にのぼっており、その内訳は生活費、小遣い、年金の順に多い▼11。

（3）教育

ひきこもり経験者の中で、ひきこもりの開始時期が学齢期だった場合と、社会人として就労中だった場合がある。支援のフィールドによって両者のバランスは異なる。不登校経験者は家族会で27例、生活困窮者事例では15例だった。

家族会事例では、学齢期の挫折がよく記憶されていることが多い。事実として学校にひきこもりのきっかけがあるだけでなく、大学などへの期待が強いという意味で、教育熱の高さとの関連もうかがわれる。困窮者窓口の場合には、学齢期の様子が細かく聞き取られている例は少ない。就労の難しさの背景に、学齢期から持ち越された課題が伺われている。知的障害や発達障害の課題が見出され、幼少期のエピソードをさかのぼって聞き取ることから、療育手帳の取得などが模索されることがある。

（4）就労

家族会事例では8割近い46例で就労の経験があった。ただ、1年以上にわたる安定した就労があったと思われる例は17例であり、職場への定着に何らかの困難がある。就労時の状況については家族もほとんど把握しておらず、本人が離職の事情について詳しく話すことは少ない様子である。中には本人が外出中に家族に知られないようアルバイトなどで就労していたことが推測されている例もあった。マクロな統計に表れる就職氷河期の課題や、雇用の劣化という変動を個別の事例と関連づけることは難しく、雇用環境は特に今後の調査を要する領域といえる。

生活困窮者の窓口事例では過去の就労経験の有無を尋ねなかった。就労の中断に関する個別のエピソードにおいては、発達障害や知的障害に対する支援の不足が影響していることもうかがわれる。詳しい背景の解明を今後の調査に待ちたい。

Ⅲ　問題が家族に閉ざされる事情——終わらない子育てと「隠れ貧困」

以下では、家族会調査の結果をもとに、社会参加への壁について論じる。生活困窮者の調査事例とは異なり、家族会の調査事例の場合、子どもが「ひきこもり」状態であることを自認し、積極的に相談機関を訪れている例が多い。にもかかわらず、多くは20歳前後に始まったひきこもりの悩みを解消することなく40歳以降まで至っている。ほぼ20年以上にわたる家族の経験からは、社会参加への障壁となる家族内の人間関係や、社会的な支援の限界を見出すことができる。社会と家族との壁、家族と本人との壁、社会と本人との壁に分けて検討する。

①家族と社会との壁　40歳以上の例では、家族が仕事などに忙しく本人の課題を相談に行くことが遅れた、家族自身に状況を変えることへの不安や抵抗感があった、また支援の途絶に関連して窓口や相談への失望感があったという声が聞かれた。いったん始まった相談が何らかの理由で途切れたエピソード（支援の途絶）が26例でみられた。「公的機関の精神保健福祉センター、民間カウンセリング、NPO、すべて

（今では）切れている。担当者によって対応がバラバラだったり異動で代わってしまったりする。公的機関もインテークを外部民間機関へ委託し、内容が引き継がれていない。もう行かない、行っても意味がない」「クリニックに行くが（…中略…）、何かあったらまた来てくださいの繰り返しで支援に結びつかない」などの声がある。

「支援の中でネガティブな経験があった」という例も20例あり、「本人が若い時代は相談機関へ行っても、『本人が来ないと始まらない』といったことを言われる場合ばかりで、どうしようもなかった」というように、ひきこもりに対応するとされる窓口での対応が実際には有効でなかった実態もある。親による子育てを責められるなど精神論を説かれるばかりで、具体的な助言が得られないという体験談も多い。

②家族と本人との壁　家族の叱咤激励によって本人がさらに家族と距離を取る場合、また本人からの暴力や暴言によって恐怖感から家族の委縮が生じている場合や、家族自身の高齢化によって、本人と支援者をつなぐコーディネート役を果たすことが難しいなどの場合がある。「家族の暴力からの避難（別居など）」のエピソードが10例で確認できた。

③本人と社会との壁　「本人の受診があった」33例、「本人が手帳を取得した」8例、「本人が福祉サービスを利用している」13例というように、家族や本人が相談をしても福祉サービスに結び付いている例は少ない。現在40歳以上の人がひきこもり始めた時期は20年ほど前の１９９０年代中盤にさかのぼり、相談窓口でもひきこもりに対する理解が現在以上に不足していた。福祉就労などの事業所も普及しておらず、ただちに就労可能な人でなければ利用できる制度は少なかった。

このように、ひきこもり状態の子どもがいる家庭においては問題を外に出すことが何重にも困難な状況を抱えている。本人と家族の壁で見たように、本人の暴力が家族に向けられたり、家族の叱咤激励が本人をさらに萎縮させたりすることがあり、家族内の人間関係も悪化しがちである。状況を話し合い、外部に相談するどころか通常のコミュニケーションも難しくなる。

親たちは子どもからの拒否や暴力を、自分の子育ての結果として理解することが多く、「自分がこの子をこうしてしまった」というように、外部からは隠して自分だけが受け止めようとすることがある。このように成人している子どもの生活上のニーズが「子育て」の延長として受け止められ、経済的・精神的なニーズを親のみが抱えることになる。顕著なのが「親亡き後のライフプラン」作成（畠中 2012）であり、親の死後まで含めて親の責任として抱えさせることが懸念される。

思い切って窓口や機関に相談したとしても、有効な助言や制度が欠けている。大まかに整理すれば、ただちに就労訓練に参加可能であるか、または経済的困窮や障害に該当しないかぎり、若年期や壮年期の人が利用できる社会的資源は少ない。医療を受診し続けたが数分間の面談を月1回繰り返しただけで、精神保健福祉サービスへの紹介もなく、気づけば数年や数十年が経過したという例も珍しくない。

生活困窮者の相談窓口との比較でいえば、むしろ8050問題のように親の介護、経済的困窮などの事態が迫ってくれば問題解決の焦点も定まりやすくなる。逆に考えると、問題を外部に向けて表面化させるには困窮や高齢といった状況を待つしかないともいえる。

ひきこもり自体は貧困が原因ではなく、また結果としてただちに貧困に結びつくわけではない。しかしこのことが災いして、経済的な問題があっても高齢化や困窮化に至るまで家族の中の「隠れた貧困」問題として抱え続けざるを得ない。ここには、いくつもの重なり合う排除が存在する。家族内で互いに遠ざけあうような人間関係、そうでありながら「終わらない子育て」の中で親が子を支えるという依存関係があり、それは外部の支援からの排除、「貧困」という視点からの排除などによって強化されている。

4　参加の保障と支援活動

（1）従来の支援の意義と限界

これまで見てきたように、社会参加を難しくする様々な壁がある。それでは参加に対する社会的支援はどこまで進んできたのだろうか。家庭と社会の間に位置する「居場所」を提供することは、自治体や支援団体に共通する手法である。居場所では、標準的なライフコースを外れることによって傷つけられた自尊感情を回復するために、心理的な安心感が保障されることが条件である。それと並んで、次の行動に向かうことができるような社会的な達成感を育てることが目指されている。

ただ、従来はこのような支援自体が家族の経済的・精神的支援のもとに行われることが暗黙の前提となってきたように思われる。支援活動もまた「親頼み」の側面が強い。まず、何らかの居場所へ参加することができない子どもや若者は、やはり家庭で家族の支援のもとで生活せざるを得ない。その際に家族に与えられる助言は「本人のエネルギーがたまるまで見守ること」といった内容となるのが普通である。家族が自身の経済的な悩みを優先させるなどはタブーとされてしまう。だが、むしろ表に出しやすい困りごとから先に窓口につなげることが解決の糸口になることがある。

また社会的な達成感の保障については、通常、就労訓練を経て経済的自立へ向かうという道筋が想定されてきた。ここでも訓練に通える状況でない人の課題は残る。現在の劣化した雇用状況の中で働いても経済的に自立することは難しく、訓練後も家族が経済的に支えなくてはならない状況が続く。経済的自立の手段として就労や就労訓練を捉えるのではなく、福祉的な支援を受けつつ、また自宅で生活しながらも社会的な役割を持てるような支援の形態が柔軟に用意されるべきだろう。

筆者は、生活困窮者を支援する自治体の窓口や、ひきこもりと困窮者支援に同時に取り組むＮＰＯを対象とする調査を進めてきた（川北 2014, 2019）。これらの支援現場では家族を前提とした支援だけでなく、親役割の軽減や解除が積極的に提案されている。まずは親と本人が別居し、物理的な意味で互いの距離を確保することや、他都市に転居して関係団体の支援を受けることが提案されている。また世帯分離をして生活保護を受給し、就労後に廃止するという例もある。本人の趣味や、働きたいという意欲を、現在の生活をそれほど変えずに実現することも有効である。オーダーメイドの支援と呼ばれるように、本人が楽器に関心を持っていることが分かれば居場所でギター教室を即座に立ち上げる、学習支援をしたいのであれば個人塾を立ち上げる、自宅でできる内職を宅配するなどの手法である。

（2）ひきこもり支援の再設定

このように、家族に依存しない形で支援を組み立てることは、従来の「ひきこもり」対策の目標を捉え直すことにもつながる。ひきこもり支援では、文字通りひきこもっていることを課題として捉え、家庭の外で社会参加することや経済的に自立することが解決として位置づけられてきた。しかしそうしたゴールの設定が、支援を受けるための敷居を高くしていることも否定できない。支援につながらなければ、基本的には家族の中で「子ども」として保護される関係を続けなくてはならない。

こうして家族が経済的な扶養やケアの責任を担って努力し続けることが、人間関係の悪循環や、結局は本人の社会参加の遅れを招いてしまうことがある。家族全体を支援の対象にすることや、家族と本人を、それぞれ別々の生活を営む単位として切り離す視点も求められる▼12。経済的に自立していない本人を「子ども」扱いするのではなく、自立したニーズの主体としてみなすことも重要である。先に触れたオーダーメイド型の支援に加え、調査例では、飼い猫を動物病院に連れていく必要性や、フードバンクの食糧支援を受け入れたことが外部との接点となった例がある。また親の病気や定年をきっかけに家計の事情などについて親子間で率直な話し合いが可能になり、本人が親の通院の送り迎えを引き受けるようになったなどの例もみられる。家計や老いといった話題を遠ざけるのではなく、むしろ事実として共有することが互いの関係を見直す機会となりうる。その際に家族以外の第三者に介在を求めることも重要であろう。

ひとくちにニーズといっても、孤立状態の中で自分のニーズを自覚することは難しい。標準的なライフコースから外れた人が、自己像や将来像を描き直すうえで、周りを見渡したり過去や将来を展望したりするような時空間が必要になる。ここに居場所や伴走型支援の役割がある。物理的に家族を離れることで、膠着《こうちゃく》状態に陥った家庭などの狭い空間を相対化することができる（川北 2014）。同じことは、居場所型支援だけでなく、支援窓口への同行支援、本人が望むイベントへの同行支援などでも実現可能だろう。

5　おわりに――ひきこもり対策の脱家族化に向けて

従来、子どもの貧困に関する議論では、十分に子どもらしい子ども期を過ごす権利が主張されてきたといえる。貧困ゆえに早期に家族からの自立を迫られてしまう子どもや、教育を十分に受けることができない子どもの問題である。背景には子育てや教育が親頼みであるという構造があり、親に頼ることができない子どもが他の子どもに比べて十分な子ども期を保障されないという結果がもたされている。

それに対し、ひきこもる子どもや若者を考えるときには、同じ「親頼み社会」の構造が別の問題として表れやすい。つまり社会に出ることが当然視される年齢になっても、親の側に子どものケアや扶養の余裕があるとみなされれば、成人期になっても子育てを続けざるを得ない。成人した子どもを「子ども」として扱う姿勢を、親の側も子どもの側も強いられるといえる。

以上から、ひきこもり対応の充実に向けて、むしろひきこもり状態の本人だけに関心を向けるのではなく、家族全体をアセスメントする視点、家庭内での個人それぞれを独立したニーズの持ち主として捉える観点が必要とされている。成人した子どもの経済的・精神的ニーズを「子育て」の問題として捉え、過度の親役割を求める限り、家族が破綻するまで外部が課題を認識するチャンスは閉ざされる。子どもを独立した個人として捉え、一人で生きていくための経済力や住居を含めてニーズを顕在化し、社会的支援によって満たしていく方策が探られるべきだろう。子どもの自立の機会を親の経済力とは別に確保していくこと。これは、貧困が顕在化しているケースかどうかにかかわらず、共通する目標となると考える。

注

1　厚生労働省の「ひきこもりの評価・支援に関するガイドライン」（2010年）では「ひきこもり」を「様々な要因の結果として社会的参加（義務教育を含む就学、非常勤職を含む就労、家庭外での交遊など）を回避し、原則的には6か月以上にわたって概ね家庭にとどまり続けている状態（他者と交わらない形での外出をしていてもよい）を指す現象概念である」と定義している。本章でも、ひきこもりを「人」を意味するのではなく社会的な孤立状態を指す言葉として用いる。一方、より一般的な「社会的孤立」(social isolation)は、「他者との関係の欠如」を意味する。孤立が客観的に測定できる概念であるのに対し、「孤独」(loneliness)は主観的な状態を意味し、所属や埋め込みが欠けた状態を意味するとされている(De Jong Gierveld et al. 2006)。ひきこもり状態は基本的には社会的孤立の一部に位置づけられるだろう。

2 平成30年度「児童生徒の生徒指導上の諸問題に関する調査」より。

3 平成28年「国民生活基礎調査の概況」より。

4 それぞれのカテゴリーについて、別途「学校に係る状況」「家庭に係る状況」を複数回答で選択することになっている。平成30年度調査についてみると、全体として「家庭に係る状況」は小学校で55・５％、中学校で30・９％選択されており、特に「無気力」のカテゴリーでは多く選択されている。

5 注2に同じ。

6 孤立と経済的背景の関係に関する研究はまだ多くない。成人に関する分析の例として阿部(2007)は、「社会関係の欠如」(人とのコミュニケーションの頻度の低さ、同居の家族以外に頼れる人がいないなどの状況)は「物質的剝奪」、「適切な住環境の欠如」、「食料・衣料」などの「基本ニーズ」の非充足との間に中程度の相関があったことを報告している。一方で石田(2018)は、「頼りにする家族・親族、友人・知人がいない」という、より社会関係の途絶えた状況を孤立と定義し、婚姻形態、最終学歴、世帯収入の点で恵まれない層ほど孤立者が多いと指摘している。

7 認定ＮＰＯ法人ビッグイシュー基金『若者の住宅問題——住宅政策提言書［調査編］』、２０１４年。

8 ＫＨＪ全国ひきこもり家族会連合会『長期高年齢化したひきこもり者とその家族への効果的な支援及び長期高年齢化に至るプロセス調査・研究事業』(平成28年度　厚生労働省社会福祉推進事業報告書)、２０１７年。

9 ＫＨＪ全国ひきこもり家族会連合会『潜在化する社会的孤立問題(長期化したひきこもり・ニート等)へのフォーマル・インフォーマル支援を通した「発見・介入・見守り」に関する調査・研究事業』(平成29年度　厚生労働省社会福祉推進事業報告書)、２０１８年。

10 注8に同じ。

11 特定非営利活動法人全国引きこもりＫＨＪ親の会(家族会連合会)『ひきこもりの実態およびピアサポーター養成・派遣に関するアンケート調査報告書』、２０１５年3月より。

12 子ども・若者支援において「一番苦しんでいるのは本人だ」「ニーズは本人(当事者)が知っている」と言われ

ることがある。しかし「当事者」を本人に限定して用いるなどの慣行の結果、家族への包括的支援などが抑制され、家族による本人の抱え込みにつながることも懸念される。

引用・参考文献

阿部彩（2007）「日本における社会的排除の実態とその要因」『季刊社会保障研究』43（1）

De Jong Gierveld, J., T. Van Tilburg and P. A.Dykstra, (2006). "Loneliness and Social Isolation," A. Vangelisti and D. Perlman eds., *Cambridge Handbook of Personal Relationships*, Cambridge University Press.

藤森克彦（2017）『単身急増社会の希望——支え合う社会を構築するために』日本経済新聞出版社

畠中雅子（2012）『高齢化するひきこもりのサバイバルライフプラン——親亡き後も生きのびるために』近代セールス社

林明子（2016）『生活保護世帯の子どものライフストーリー——貧困の世代的再生産』勁草書房

広井多鶴子・小玉亮子（2010）『現代の親子問題——なぜ親と子が「問題」なのか』日本図書センター

本田由紀（2014）『社会を結びなおす——教育・仕事・家族の連携へ』岩波書店

石田光規（2018）『孤立不安社会——つながりの格差、承認の追求、ぼっちの恐怖』勁草書房

岩田正美（2008）『社会的排除——参加の欠如・不確かな帰属』有斐閣

川北稔（2005）「ストーリーとしての引きこもり経験」『愛知教育大学教育実践総合センター』8

川北稔（2010）「曖昧な生きづらさと家族——ひきこもり問題を通じた親役割の再構築」『家族研究年報』35

川北稔（2014）「ひきこもり経験者による空間の獲得——支援活動における空間の複数性・対比性の活用」『社会学評論』65（3）

川北稔（2019）『８０５０問題の深層——「限界家族」をどう救うか』ＮＨＫ出版

子どもの貧困白書編集委員会編（2009）『子どもの貧困白書』明石書店

西原尚之（2010）「養護型不登校経験者の社会的自立に関する研究——経済的不利の世代間連鎖から離れていくための道筋」『学校ソーシャルワーク研究』5

山口倫子（2013）「貧困家庭における不登校児童への支援について」『福祉臨床学科紀要』10

第6章

生活保護世帯の子どもの高卒後の進学をめぐる困難

…林 明子

はじめに

本章では、生活保護世帯の子どもたちが大学等へ進学した際に直面する課題について検討する。彼らが高校卒業後に進学するためには、生まれ育った世帯とは家計を別にする世帯分離という手続きを取らなければならない。進学を機に行うこの手続きによって彼らの分の生活保護費は減額されることになり、奨学金やアルバイトで生活を成り立たせていくことが求められる。

これまで生活保護世帯の子どもたちがどのような学校生活や家庭生活を送っているのかについては明らかにされてきた部分も多い（小西 2003；大澤 2008；盛満 2011；林 2016等）。その一方、彼らの高卒後について注目されることは少なく、とくに大学等へ進学した後の生活実態に関する調査研究はほとんどない。大卒者と高卒者とを比較すると、大卒者のほうが失業率も非正規雇用率も低く、就業先は大規模企業が多いなど学歴間格差は拡大している（小杉 2017）。このため貧困の世代的再生産を考えたときに、生活保護世帯の子どもの高等教育進学は「成功例」とみなされ、支援や調査の対象とはなりにくかったのだろう。

しかし、生活保護における世帯分離という手続きによって、進学した学生がどのような生活を送ることになり、いかに職業生活へ移行していったのかまで長期的に把握しなければ、ただ彼らを社会保障制度から切り離しただけになってしまう。そこで本章では、生活保護世帯に育った子どもたちの高卒後の進学に焦点をあて、彼らの学生生活の実態に迫りたい。またその際、経済的困難が彼らの生活にどのような影響をもたらすのかについて検討する。

1　子どもの貧困と大学進学

（1）生活保護世帯に育った子どもの大学等進学率

生活保護世帯に暮らす子どもたちは大学や専修学校等の進学率が低い。高校進学率（2018〈平成30〉年度）は、全世帯（99・0%）と生活保護世帯（93・7%）の差が約5ポイントであるが▼1、大学等進学率に目を向けると、全世帯は72・9%であるのに対して、生活保護世帯は36・0%にとどまり、その差は著しい（図1）。

この大学等進学率の算出では、その年度の3月に高校等を卒業した者のみが対象であるが、桜井ら(2018) が行った算出によれば、過年度入学生（浪人生）や中卒、高校中退者を含めた2017年度の進学率は、全世帯で80・6%、生活保護世帯が21~22%となり、実際の進路の違いはさらに大きいと推測される。

ここでいう大学等進学率▼2は、高校卒業後に大学や短大、専修学校等へ進学した割合の合算である。2018（平成30）年度の大学等進学率の内訳は、全世帯では大学や短大に進学する割合が52・0%、専修学校等に進学する割合が20・9%であるが、生活保護世帯は大学や短大に進学する割合が19・9%、専修学校等に進学する割合が16・1%である。このように全世帯と生活保護世帯の子どもについて、高校を卒業したあとを比較すると、明らかな進路の違いがみられる。

佐藤（2011）によれば、2000年代以降は学歴と雇用機会の相関がより鮮明になり、学歴による雇用の格差が拡大しているという。また初職が非正規雇用である場合は性別を問わず、現職も非正規になりや

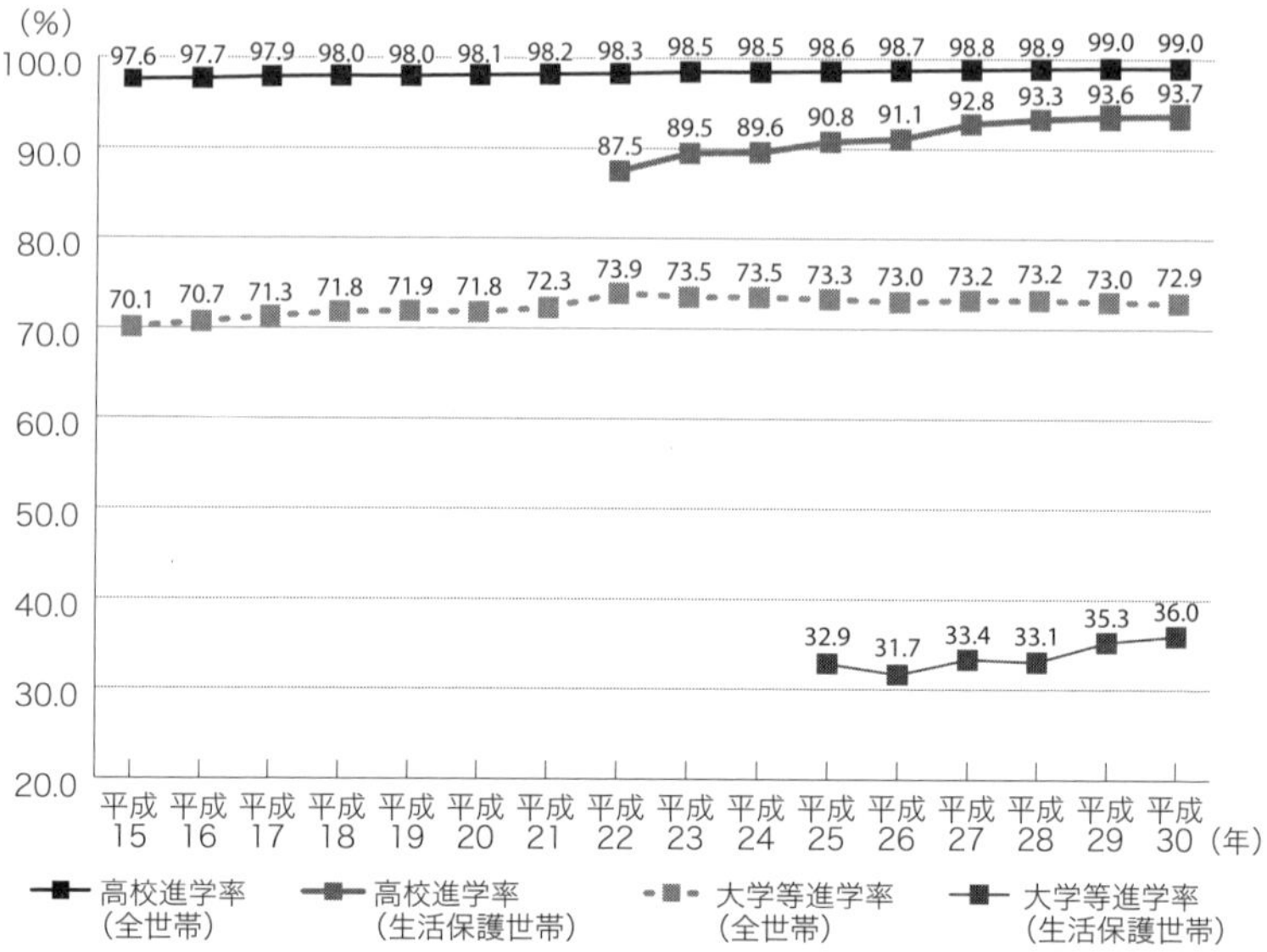

図1　高校・大学等進学率の推移（全世帯と生活保護世帯との比較）

注：大学等進学率の算出にあたっては、全世帯も生活保護世帯も過年度生は含まれていない。
出所：内閣府（2018）「子供の貧困に関する指標の推移」（第6回 子供の貧困対策に関する有識者会議における資料1）および内閣府（2018）「平成29年度 子供の貧困の状況と子供の貧困対策の実施状況」、内閣府（2019）「平成30年度 子供の貧困の状況と子供の貧困対策の実施状況」より著者作成。

すいことが示されている。学歴が職業への「移行期間」に与える影響は大きく、高等教育卒業者の多くは比較的短期間に正規雇用に就いているが、高卒者や中卒者は正規雇用への到達期間が長めになっている（中村 2017）。大学等への進学については、教育機会の保障とその後の就労機会に直結するものとして捉えなければならない。

生活保護世帯の子どもたちが大学等へ進学する際の大きなハードルが世帯分離という手続きである。この手続きは、それまで暮らしていた世帯と家計を別にするものであり、進学後の生活に大きく影響する。彼らは、学費に加えて生活費も負担していくことになるため、経済的負担が重い。次節では、この世帯分離について説明する。

（2）大学等への進学と世帯分離

生活保護制度の現在の実施要領（運用指針）では、生活保護世帯に暮らす子どもでも、高校までは生活保護を受給しながら進学すること（世帯内修学）ができる。１９７０年以前は中学校までしか認められていなかったが、ほとんどの子どもが高校に進学するようになったため、１９７０年になって高校は基本的に世帯内修学が認められるようになった（牧園 1999）。

しかし現在でも、高校卒業後は就労するべきと考えられており、生活保護世帯の子どもの大学等への進学は認められていない▼3。もし大学や短大、専修学校等への進学を希望するならば、「大学就学が特に世帯の自立助長に効果的であると認められる」場合のみ、「世帯分離」という手続きを行うことによって、認められることになる。世帯分離とは、出身世帯と進学する子どもを家計上分ける手続きのことであり、子どもの生活保護は停止されることになる。つまり、同じ世帯に暮らしながらも、進学した世帯員は別世帯として扱われ、生活保護費が支給されないことになる。

大学等へ進学することは、自立にとって効果的であるとされ、実施要領においても少しずつ改善がなされてきた▼4。たとえば、①２０１４年４月からは、アルバイト等で稼いだお金を大学の受験料と入学金にあてること、②２０１５年10月からは、アルバイト等で稼いだお金及び奨学金を学習塾費等にあてること、③２０１６年７月からは、奨学金を大学の受験料と入学金にあてること、が認められるようになった（吉永編 2017）。そして２０１８年には、進学準備給付金が支給され、住宅扶助費▼5は減額されない措置がとられるようになった。こうした改善は確かにあるものの、現状では生活保護世帯の学生▼6は高校を卒業した翌月から、アルバイト代や奨学金ですべて賄っていくことが強いられるのは変わらない。大学等の授業料や施設設備費のほか、教科書代、通学費、食費、被服費、通信費など、ありとあらゆる費用を捻出しなければならない。進学準備給付金は、自宅通学の場合には10万円、自宅外通学の場合に30万円と定められており、生活保護費の支給がなくなる影響のほうが大きい▼7。

2　世帯分離後の学生の生活実態

（1）大阪府堺市による調査

生活保護世帯に暮らす子どもたちが世帯分離をして大学等へ進学したあと、どのような生活を送っているかについては、これまでほとんど明らかにされてこなかった。大学生にもなれば生活保護費が支給されなくなったとしても、奨学金やアルバイト等で学費や生活費を賄えるようになるだろうという想定の下、その生活実態については等閑視されてきたのである。

そうした中で、２０１６年度に大阪府堺市は、大阪市立大学人権問題研究センターと共同で、「堺市生活保護世帯の大学生等に対する生活実態調査」を実施した。この調査は生活保護世帯の大学生等を対象にしており、その生活実態を明らかにすることを試みている。桜井ら（2018）は、この調査の結果として世帯分離後、生活保護費が変わらない世帯はなく、平均して月3・9万円減額になることを明らかにした。世帯員の1人が大学等へ進学したとたん、生活保護費が大きく変化することが確認できる。

また生活保護世帯の学生は一般世帯と比較して多くの奨学金を利用していること（平均月10万円）、奨学金返済に対して不安に感じている者が8割を超えること（とても不安61・2％、少し不安23・5％）、経済的に勉学を続けることが困難と感じている者も過半数いること（大いにある13・2％、少しある39・6％）

が指摘されている。奨学金は借りざるを得ないが、それにより心理的負担がかかっていることが読み取れる。さらにアルバイトの平均月収は4・8万円であり、授業期間中に週3日以上のアルバイトをしている学生は65・9％であったという。回答の一部には、1日8時間以上の長時間労働に従事している事例や、1か月あたり20日以上働いている事例、夜間・深夜労働の事例があったことも示されている。

こうした世帯分離後の学生の生活実態が明らかにされてこなかった理由として、桜井（2018）は「世帯分離の大きな特徴の一つに『存在が見えなくなる』（≒把握されなくなる）ことがあるから」と述べている。生活保護制度の枠組みから外れれば、福祉事務所ケースワーカーの指導・援助の対象外であり、積極的な状況把握は行われなくなる（桜井 2018）。生活の保障も把握もされなくなった学生は、あくまで「自己責任」で生活し、大学等に通わなければいけないのである。

（2）厚生労働省による調査

厚生労働省は2017年に生活保護世帯の大学生等を対象とした全国調査を実施した。その結果、大学等への進学を検討する段階から学生は様々な困難を抱えていることが明らかになった▼8。ここでは、その調査結果をいくつか紹介したい。

「大学等に進学すると、出身家庭に支給される生活保護費が減額されるということが、進学するかを考える際に影響したか」という問いに対して、影響したと回答した学生は61・9％（大いに影響した40・4％、少し影響した21・5％）に上った。大学等の学費は年々高騰しているが、調査では、大学等に納付する授業料や通学費など、年間必要額は約110万円であった。

奨学金を利用している学生は86・5％であり、その多くが日本学生支援機構の貸与型の奨学金を利用していた。また奨学金の年間受給額の平均は120万円となっていた。「現在、出身家庭から就学費用の援助を受けているか」という問いについて、受けていると回答した学生は15・8%であり、その場合の金額は年間平均33万円であった。「世帯分離により生活扶助費が減ったことで、出身家庭にどのような影響があったか」という問いに対しては、「影響は特にないと思っている」と回答した学生は4・7%に過ぎず、「食費を節約している」という回答が57・1%、「衣類の購入をできるだけ控えている」という回答も55・0%であった。こうした結果から、世帯分離によって、出身家庭にも明らかな影響が出ており、生活全体が変化していることが読み取れる。

学生生活における不安や悩みを見てみると、「学業とアルバイトの両立が困難である」と思っている学生は半数を超えており(大いにある21・2%、少しある29・3%)、「経済的に勉強を続けることが難しい」という学生も4割を超えている(大いにある12・2%、少しある28・6%)。こうした結果をあわせみていくと、生活保護世帯の学生は、奨学金を借り、アルバイトをしてもなお、経済的困難に直面しており、学業の継続に困難を抱えている状況にあることが読み取れる。

このように大阪府堺市や厚生労働省の調査により、今まで明らかにされてこなかった生活保護世帯の学生の生活実態が浮かび上がった。こうした全体の傾向を捉えることの意義は大きい。ただし質問紙調査だけでは彼らの詳細な生活実態はすくいきれない。また2つの調査では、進学後に中途退学した学生は対象とされていないことが課題として挙げられる。在籍を継続しなかった(できなかった)学生に焦点をあてることで、よりいっそう生活保護世帯の学生が経験した学生生活の内実に迫ることができるだろう。次節では、大学や専門学校に進学した学生の事例をもとに彼らがどのような学生生活を送ることになったのかを見ていこう。

3　世帯分離し進学した3名の事例

本節でとりあげるのは、高校卒業後に世帯分離をして進学した経験をもつ3名（Aさん、Bさん、Cさん）の事例である。ただしAさんは大学、Bさんは専門学校を中退しており、Cさんだけが専門学校を卒業した。インタビュー調査のデータに基づき、生活保護世帯の学生が経験した学生生活の内実を時系列に沿って確認していく。なお、3名は筆者が長期的に行ってきたインタビュー調査の対象者であり、調査の趣旨や公開方法について了承を得ている。

（1）Aさんの事例（全日制高校卒業後、私立X大学に入学し、3年目の夏に退学）

母親は東南アジア出身、父親は日本人である。父親は行方不明であるため、Aさんは父親に会ったことがない。Aさんは東南アジアで生まれ育ったが、日本で働いていた母親に呼ばれ、10歳の時に来日した。来日後は母親と兄と3人で暮らすようになった。

Aさんは高1から大学進学を意識しており、指定校推薦をとれるくらいの成績をとり続けていた。母親は東南アジア（母国）の大学に進学してほしいと思っていたが、Aさんは日本に来日して6年ほど経っていたため、日本に慣れてきており、日本の大学に進学したいと考えるようになっていた。高2の3月頃、高校の進路指導で大学入学前に入学金や授業料を納める必要があることを知った。

高3になって母親と大喧嘩をしたときに、早く就職して自立したいと考え、一時、就職希望を担任に伝えたが、「本当にいいの?」と担任に聞かれ、「いま就職したとしても給料も少ないし学生でいたい」と考え、やはり進学することにした。「サラリーが高い」職業を志向しており、国際関係の職業に就きたいという夢をもち、指定校推薦で自宅から通える私立大学（文系）に進学することが決まった。入学手続き時に必要な費用は、母親の知人に借りたり、社会福祉協議会の貸し付けを利用したりして用意した。また進学後のことを考え、日本学生支援機構や担任から紹介された公益財団法人からも奨学金を借りることを決めた。高校の卒業式を終える頃から、「自分の生活やんなきゃ」「働かなきゃ」と思い、飲食店でアルバイトを始めた。なお、大学の初年次納入金額は約120万円、2年目以降は約100万円である。Aさんは世帯分離について、いつケースワーカーから話があったのかは覚えていないという。

大学1年生になると、自分で定期代や昼食代を支払い、夕飯はバイト先でまかないを食べるようになった。最初の半年は大学に「真面目に行って」いたが、夜までアルバイトがある中、授業開始時間は朝早いため、次第に通学が面倒になっていった。学内に友達はできたが、授業が終わったらアルバイトのため帰るという生活を送っており、大学で過ごす時間はあまりなかった。

Aさんは母親との間に壁を感じており、家族関係について悩んでいた。「そういうときに唯一逃げれるのが、「アルバイト」だったという。この頃、アルバイトは週3、4回していた。今まで手にしたことがない金額のお金を手に入れたことでアルバイトが楽しくなっていき、同僚や先輩とも仲良くなっていった。そして、だんだんと家に帰らないようになった。また経済的な負担も差し迫った自分の問題として感じており、日本学生支援機構から月3万円の奨学金を借りていたが、途中で「お金に不自由になっちゃった感じ」がし、貸与額を5万円に変更した。

大学1年次は単位をいくつか落としたが、2年に進級することはできた。しかし、授業に面白みを感じず、サークルにも入っていなかったため、大学には楽しさを何も感じなかった。アルバイトのほうが楽しく思え、そちらに「意欲がいっちゃった」という。

3年生になるための単位が大幅に足りず、原級留置となり、再度2年生として大学生活を送ることになった。しかし、「2年に戻んなきゃいけないのがばかばかしく」なり、学費を払うことが「お金の無駄だな」と思い、夏休みになる前に大学をやめることを決断した。大学に通っていなかったため、母親はあきらめた様子だったが、やめたことに対してはショックを受けていたようだったという。学費の納入期限をしばらく放っておき、大学は「フェードアウト」した。

大学中退後もアルバイトは継続していたが、仲が良かった先輩がやめたこともあり、そろそろ違う仕事をしようと思い、アルバイトをやめた。そこから住み込みバイトをはじめ、その期間が終わると飲食店や居酒屋、派遣の掛け持ちを始めた。奨学金の返済が滞っており、猶予申請の手続きを考えている。

（2）Bさんの事例（夜間定時制高校卒業後、デザイン系のY専門学校（3年制）に進学し、2年目の終わりに退学）

幼少期に両親が離婚し、母子世帯で育った。母親は心身ともに体調を崩しがちであり、中学校の頃から家事を行うようになった。またBさんには障害をもった妹がいる。

高校3年生の夏頃から、Bさんは専門学校への進学を考えるようになった。就職も考え、会社見学にも行ったが、「自分は働くんじゃなくて、まだ学びたいな」と思い、専門学校のオープンキャンパスに行くことにした。母親は「行きたいところに行っていいよ、お母さんのことは心配いらないから」と言ってくれていた。冬になり、役所に高校卒業後に進学を考えていることを伝えると、世帯分離について説明を受けた。このとき、「自分で稼いだお金が全部入り、それでやり繰りをしていくことになる」「医療費は出なくなる」ということを理解した。

高4の後半になり、映像業界の仕事に就きたいと考え専門学校受験を決めるが、時期としては「本当ギリギリ」であり、専門学校が設けている最終期の入試を受けることになった。入学金が用意できなかったため、事前に相談し、専門学校の奨学金制度を利用することになった。Bさんは日本学生支援機構の奨学金も毎月12万円借りることにした。アルバイト代と奨学金から、学費と生活費を捻出することになった。なお、専門学校の初年次納入額は約120万円、2年目以降は約100万円の学費がかかる。

「1年目はまだよかった」が、2年目になると家庭の生活費も足りなくなり、Bさんの奨学金から生活費に一時的に回すようになり、「自転車操業」になった。家庭の生活費が足りなくなった理由の一つは、母親の体調（容体）が悪化したために、食料を買いに行けなくなり、ネット（宅配）で買い物をするようになったことだという。Bさんも学校とバイトで忙しいため、あまり買い物に行くことができなくなっていた。コンビニでアルバイトをしていたが、それでも生活費が足りないと言われるようになった。Bさんは、アルバイト代や奨学金から、家庭への生活費、昼食代、医療費、携帯代、定期代、課題で使用する画材や道具代を出さなければいけなくなる。自分の小遣いが足りなくなった時には、母親に若干出してもらっていた。友だちと遊ぶことや衣類の購入は我慢をしていた。

Bさんが専門学校の課題を自宅でしていると、「(電気をつけると）明るいからやんないで。学校でやってくればいいでしょ」と母親に怒られるようになった。しかし学校で課題をして帰りが遅くなり、家事ができないと、それはそれで怒られる。Bさんは、学校の課題、アルバイト、家事を滞りなく行うことが求められており、そうした状況が2年続いたときに、「自分が続ける意味が分からなくなってきた」ため、少しずつ退学を考えるようになった。

専門学校については「本来やりたかったことだけど、そのために学費稼がなきゃ」というプレッシャーを強く感じていた。お金のこと、親のことに悩んでおり、心身ともに体調を崩し始めた。Bさんは次第に「学校は続けられる状態ではない」と感じるようになった。また欠席も増え、課題にも十分に取り組むことができず、学校側から3年生に進級することが難しいとも伝えられていた。そうした事情も踏まえて、「自分で決めたことだけどちょっとさすがにきつい」と専門学校を退学することを具体的に考え始めた。退学について母親に話すと、反対されることもなく、やめたほうがよいと言われることもなく、「Bが決めたことなら分かった」と言われた。

学校をやめたときから、奨学金の返済をどうするか「すごい頭を悩まして」いた。役所や法律相談所、NPO法人等に相談していたが、最終的に家庭の状況から自己破産することとした。

(3) Cさんの事例（全日制高校卒業後、保育系のZ専門学校（2年制）に進学し卒業）

幼い頃は3世代で暮らしていたが、両親の不和が長期間続いており、高校生の時に離婚した。Cさんには下にきょうだいが3人おり、母親と5人で暮らすようになった。

Cさんは小中学校時代、いじめにあうことが多かったが、高校生活は楽しく過ごすことができた。母親からもケースワーカーからも「高卒後は就職して」と言われていたが、もう少し学校生活を続けたい、保育職に就きたいと考え、高2の頃から保育系専門学校への進学を考えるようになった。Cさんは進学が可能であるのかケースワーカーに問い合わせ、1、2か月後に可能だという返答を受けた。Cさんは母親とケースワーカーに専門学校に進学すれば資格免許が取得でき、高卒よりも就職に有利であることを訴え、進学することになった。3年生の冬に、ケースワーカーから世帯分離について知らされた。Cさんは指定校推薦で専門学校への進学が決まったが、入学金や授業料が準備できなかったため、その事情を学校に説明し、奨学金が振り込まれるのを待って支払いを行った。奨学金は日本学生支援機構から月12万円借りることにした。なお、初年次納入額は約130万円、2年目は約100万円の学費がかかる。

Cさんの期待に反して、学校生活は楽しいものとはならなかった。ゼミに所属していたが、「人間関係も最悪」であり、「居場所がここっていう感じがしない」生活を送っていた。周囲を「普通の家の子」と評し、「生活保護の苦しみを知らない」と感じていた。周囲は「せっかく学生になったんだから、学生らしく」したいと思っており、Cさんは「学生らしくって何だ、ぼけ」と「超毒づいていた」。たとえば、周囲がパーティーやイベントを企画している横で、「ふざけんなよ。何がパーティーだよ、何がイベントだよ。金使うことばっかり考えてるんじゃねえよ」と思っていた。

そもそもCさんは、小学校の頃から「同年代の子と仲良くするのが、すごい苦手」だったという。それは「基準になる価値観自体がすごいずれてるから」であり、その価値観は塾へ行っているか行っていないか、小遣いをいくらもらっているかによって異なるという。Cさんは塾に行っておらず、小遣いも基本的にはもらっていなかった。また生活保護を受給していることを小学生の頃から知らされており、それは親のお金でもなければ自分のお金でもないと思って生活してきた。そのため、授業で使用する文房具を購入する必要がある際にも、親には「いついつ、いくら必要なんで、お金ください」ではなく、「貸してください」という言い方をしていた。また友達と遊んでいるときに、友達が菓子を買っていても、Cさんは買うのを控え「結局、同世代の子たちとの付き合いが悪い」生活を送っていた。「同世代って、一番気を遣ってお金を使わなきゃ（いけない）。気を遣うってことは、お金を使うってこと」だと感じており、友達とは疎遠になったり、いじめのターゲットになったりしていた。

専門学校に進学後も、Cさんは「友達って言えるレベルまでなるのに結構時間かかる」状態であった。友達になるには「メリットとデメリットの計算」を行い、自分に利益のある人間か利益のない人間かを見極める。「金遣いが荒い子なのか倹約家なのかは絶対に見ないと」という。また単に交際費の多寡にとどまらず、「人とつるむと、自分の時間が削られる」ため、「人とつるむこと自体がデメリットだと思ってる」。学業（実習）との両立が難しく、アルバイトは3か月でやめた。Cさんは年末に郵便局で短期バイトをして、そこで得た収入を1年間で使うようにしていた。日頃の昼食は自分で弁当を作っていたが、白米と冷凍食品1つか2つという日も多く、そうした日は誰かに見られないよう空き教室の一番後ろの席でひとりで食べていたという。

将来の進路についても、講義や実習を経て、当初描いていた保育職に就きたい気持ちはなくなったため、専門学校2年目の夏に、退学を考えるようになった。定期試験の再試験の費用もかかっていたことから、母親に「資格を取っても保育職に就く気持ちがないし、こんな無駄金払うより働いたほうがいいと思う」「専門学校をやめたい」と伝えるようになった。しかし母親は「1回決めたことなんだし、あと1年頑張れば資格が取れるんだから」とCさんに返したという。Cさんは「他の子みたいに、それなりに金銭に猶予（筆者注：金銭的余裕のこと）があるんだったら、ぱーっと辞めて、学校辞めてきちゃった、みたいな感じに親に言うのもできるけど、そうじゃない」「(日本）学生支援機構に、奨学金をしているので。さすがに、途中で辞めたら、今までの分、今から返さないといけない」「入ったからには卒業しなきゃ。あと数か月で卒業で、免許証もくれるんだったら卒業するかな」と思い直して、卒業に至った。ただし、入学当初思い描いていた保育職には就いておらず、工場でパート勤務をするようになった。経済的に困難であるため、奨学金の返済は猶予の手続きをとった。

4　大学や専門学校にコミットしない背景

3名の事例から、生活保護世帯の学生は、経済的困難とそれに付随する様々な困難を経験していることが浮かび上がってきた。またそれらの困難に対処しようとするがゆえに、大学や専門学校から離れていく様子が見て取れた。長期間にわたる経済的困難が彼らに及ぼす影響を検討する。

(1) 経済的困難を抱えながら送る学生生活

生活保護世帯の学生は、入学に備えて経済的な事前準備を十分にすることができず、入学手続き時から経済的困難に直面していた。世帯分離について、Bさんは進学意思を示した時期（入学の1年半前）にケースワーカーから説明を受けたというが、Aさんはいつ説明を受けたのか覚えていなかった。Cさんは進学が可能であるのかを自ら問い合わせていたが、世帯分離について知ったのは高3の冬だった。大学等への進学をするためには、入学手続き時に、入学金や授業料等が必要となることが一般的である。事前に準備しておかなければ、こうした多額の費用を一度に支払うことは難しい。Aさんは親の知人に借りたり、奨学金を利用したりして用意したが、BさんとCさんは結局、進学先に相談し、奨学金が振り込まれた後に入学金や授業料の支払いをしている。

また彼らは経済的な負担に対するプレッシャーを入学前から常に感じており、奨学金とアルバイトをしてもなお、経済的な不自由さがあったことが伺える。Aさんは入学前から「自分の生活やんなきゃ」「働かなきゃ」と思い、アルバイトを始めているが、途中で奨学金の貸与金額を月3万円から5万円に変更している。Bさんも2年目になると家庭の生活が逼迫《ひっぱく》し、奨学金を生活費に一時的に回すようになった。専門学校で学ぶことは「本来やりたかったこと」だったが、「学費稼がなきゃ」というプレッシャーがあったと葛藤する様子が読み取れる。Cさんは、保育系の専門学校に進学したことから、年間を通じて実習が組まれており、アルバイトを継続することが難しい状況にあった。そのため年末に集中的にアルバイトを行い、そこで得たお金を1年間のこづかいとしていた。

このように、生活保護世帯の学生は経済的に制約がある中で学生生活を送っており、その余波は学生生活全体に及んでいた。そのため、彼らは大学や専門学校を中心にした学生生活を送る状況になく、学校を居場所とすることがなかった。たとえば、Aさんは入学前からアルバイトを積極的にしていたが、大学の授業に面白みを感じず、家族関係にも悩んでいたことから、アルバイトに「逃げ」るようになった。またお金が手に入ることでアルバイトが楽しくなっていった。Bさんは小学生の頃から体調のすぐれない母親に代わって、家庭生活の中で必要不可欠な家事を担っており、専門学校進学後もその役割を果たすことが求められてきた。学校の課題とアルバイト、家事を両立することに限界を感じ、欠席が増え、具体的に退学を考えるようになった。Cさんは専門学校を卒業したが、学生生活は楽しいものではなかったと振り返り、「居場所がここっていう感じがしない」と述べていた。周囲との価値観の違いを強く感じており、友人関係を円滑に築くことができずにいた。そのためグループワークがやり辛かったり、欠席した際のノートが写せなかったりしたという。

以上のような状況から、3名は部活動やサークルなどの課外活動に参加することもなく、大学や専門学校で過ごす時間が比較的短かった。友人や先輩、後輩、教職員とかかわる機会も少なく、学内の人間関係を築くことも難しかったと考えられる。

(2) 学生生活における判断基準とその帰結

3名は将来を見据えて大学や専門学校に進学したが、常に経済的困難を抱えた学生生活を送っており、入学当初の進路希望を叶えた者はいなかった。とくにAさんとBさんは学校をやめており、進路が大きく変わっている。彼らは学生生活をどのように捉えていたのだろうか。またなぜ進路を変更するに至ったのだろうか。

Aさんは、授業が終わったらアルバイトのために帰るというアルバイトに比重を置いた生活を送っていた。原級留置になり、再度2年生として大学生活を送ることになったとき、「(学費を払うのが)無駄だな」と思い、大学をやめる決断をしている。Aさんは、自分の時間やお金、行動がその経済的価値に値するかどうかを見定め、費用対効果として大学に在籍し続けることがマイナスだという判断を下し、中退したのである。このAさんの行動には堅実な側面ももちろんあるが、長期的に見ればリスクが高い判断となる可能性もある。大卒となれば、Aさんは（当初の夢であった国際関係の職に就けたかはわからないにしても、）正規の職に就けたかもしれない。しかし現在は短期間で非正規の職を変えており、奨学金の返済に苦慮している。

Bさんの場合は、本人よりもむしろ保護者が、専門学校に進学し継続する価値を認めていないように思われる。病気で寝込みがちな母親はBさんが自宅で課題をしようとした際には、「（電気をつけると）明るいからやんないで。学校でやってくればいいでしょ」と言い、Bさんは母親の理解を得ることができなかった。狭小な部屋で、生活リズムが異なる家族が暮らすことは難しく、Bさんにそのしわ寄せがきていたのである。母親にとっては、日々の家庭生活の維持が最優先事項であり、Bさんの将来の見通しは家庭内で共有されていなかったことが読み取れる。

一方のCさんは専門学校を卒業したが、その判断理由はAさんと似ている。Cさんは専門学校2年目に「無駄金払うより働いたほうがいいと思う」と退学に気持ちが傾いたが、母親の説得もあり、退学を思いとどまった。専門学校をやめれば奨学金の返済が始まることや、あと数か月で卒業となり「免許証（幼稚園教諭二種免許、保育士資格のこと）」が取得できることが大きかった。Cさんは1年以上、投資してきたお金と時間をふいにするより、あと数か月在籍し、免許資格を取得したほうが割に合うと判断した。つまり、算盤をはじき、4年制の大学に進学したAさんは中退を選択し、それより短い2年制の専門学校に進学したCさんは在学を選択したのである。

このように生活保護世帯の学生は、利害得失に敏感であり、その価値観に基づいた生活を営み、判断を下している。こうした経済観念は幼少期から身につけてきたものであることは、Cさんの事例からうかがえる。Cさんは幼いころから、生活保護世帯であることを意識した生活を送ってきた。またお金がないことによって、自身の価値観や行動が周囲とは異なっていることを認識しており、人間関係の構築にも影響を及ぼしていた。専門学校入学後も、自分に利益がある人なのかどうかを判断し、「金遣いが荒いかどうか」を見てから友達になると語っている。友人関係になったとしても、その関係を継続するためには「お金を使う」必要があることを意識しているために、そうした基準を重視しているのだろう。

こうした経済観念を有しているがゆえに、彼らは学生生活の中で友人関係や課外活動等に時間やお金をかけようとしなかったと考えられる。そのため、学内に居場所を見出すことがなかったのだろう。一般的に、大学や専門学校の在学中は、授業の課題や実習、試験等が課されており、そのつど同級生らと協力したり、情報を共有したりするほうが有利にはたらく。また将来の進路についても、学内で情報を得たり、先輩や同級生、教職員と話したりしながら、検討する場合が多いのではないだろうか。しかしながら、日頃、学内におらず、人間関係が希薄な学生はその機会を逸していると考えられる。

生活保護世帯の学生は、経済的困難のために、また経済的困難から培われた経済観念によって、学内で過ごす時間が短く、人間関係や課外活動を制限している状況にある。こうした学生生活の結果として、全員が将来展望をもって進学したにもかかわらず、進学先が居場所になることはなく、将来へ向けての気持ちが薄れていった（なくなっていった）と考えられる。そのため、大学等への進学が就労機会につながることはなかったのである▼9。

おわりに

生活保護世帯の中学生を対象とした学習支援事業を行っている地域は多いが、高校生等を対象とした事業を行っているところは少なく、その後の進路については個人の意思と家庭の状況に委ねられることが多い。多忙なケースワーカーが生活保護世帯の高校生の意思や状況を逐一把握することは難しい現状もある。しかし、Cさんの例をみると、当初は就労に水路づけられており、生活保護世帯の子どもの中には、そもそも進学が可能であることを知らない者がいると考えられる。進路に関する情報は、全員にもれなく伝えられるような仕組みが必要である。また進学の場合には、世帯分離の手続きもあり、入学後の生活は一変することが想定されるため、こうした情報は十分な時間的余裕をもって知らされなければならない。

また事例から、生活保護世帯の学生は進学先の大学や専門学校にコミットしていない様子が浮かび上がった。谷田川（2018）は、大学内における人間関係の〝つながり〟を社会関係資本とみなし、〝つながり〟の多寡が大学満足度や学習意欲、成長実感と関連があることを見出した。つまり、〝つながり〟を多く有しているほど、大学生活が充実したものになるのである。もちろん人間関係は友人同士だけではなく、対教職員も含まれる。教職員との〝つながり〟があれば、「授業に関心・興味がもてない」と感じる学生は少ないという結果が出ている。「人間関係＝〝つながり〟という一見、大学教育の本質からは距離があるように思えるものが、実は大学教育の根幹にかかわる重要なものである」ことが指摘されている（谷田川2018）。児島（2017）も大学生活における学業以外の面に目を向けており、「大学に進学してよかった」という学生の感覚は、学業面だけではなく、人間関係の影響も大きいことを指摘している。児島（2017）が「通学やアルバイト等に時間がかかる学生は、授業が終わればただちに大学を離れるという大学生活を余儀なくされており、大学生活の中で排除されている」と指摘するように、それはまさに今回提示した生活保護世帯の学生であったと言える。

生活保護世帯の学生は、経済的困難とその経験から培った経済観念ゆえに、学内の〝つながり〟を有しておらず、学生生活の継続が困難になったと考えることができる。生活保護世帯の学生がもつ経済観念は、経済的困難の中でつくり上げられてきたものである。こうした価値観をもたなければ、立ち行かなくなる場面もあるだろうし、他の学生たちももつべきものとも言える。ただし場合によってはこの経済観念が大学等へとどまったり、友人関係を構築したりすることを阻み、長期的に見ればリスクが高い判断を促す場合もあると考えられる。

一方、高等教育側は、学生の〝つながり〟が生まれるような取り組みや関わりを検討する必要があるだろう。さらにCさんが退学しなかったのは、費用対効果として資格取得という目標が明確だったことを考えれば、高等教育の中で職業への道筋を分かりやすく学生に提示することも必要であると考えられる。

世帯分離は、進学にあたって世帯の生活保護費を減額し、学生を支援対象外へ区分する制度であるために、進学後の経済的困難を誘発しており、世帯と学生本人に経済的負担を強いている。高等教育に進学しても、卒業し職に就かなければ、奨学金の返済のみが残ることになる。「自立を助長」する制度であるはずが、結果として貧困を固定、再生産しやすい制度設計になっていると言わざるを得ない。「自己責任」で高等教育へ進学すればよい、ということではなく、その先に彼らがどのような生活を送ることになるのかをふまえて、制度や運用は見直される必要がある。

なお、今回は高等教育機関への進学者に焦点をあてたが、高卒後にどのような生活をしているのかについては、今後、就職者や進路未定者等を含めて把握されなければならない。彼らもまた生活保護制度の中で、判断や選択をしているはずであり、進学者とは異なる困難や葛藤を抱えていると考えられる。

注

1 もちろんこの数値で十分なわけではない。また高校進学率としてみればあまり差がないように見えるが、課程ごとに着目するといまだに大きな違いがある。平成30年度、全日制高校進学率は91・2％(全世帯)、67・2％(生活保護世帯)、定時制高校は1・8％(全世帯)、10・5％(生活保護世帯)、通信制高校は2・5％(全世帯)、7・3％(生活保護世帯)となっている。

2 子供の貧困対策に関する大綱が掲載されたときは、全世帯の大学等進学率が73・3％、生活保護世帯の大学等進学率は32・9％だった(平成25年4月1日現在)。大学等進学率は子供の貧困に関する指標とされているが、これを見る限り、わずかに差は縮少している。

3 夜間大学については、生活保護世帯であっても昼間に就労することを前提に進学が認められている。

4 三宅(2015)は、生活保護世帯の子どもが高等学校等や大学等へ進学するにあたっては、自立助長が条件づけられており、教育は「世帯の経済的自立」や「子どもの就労自立」の手段として位置づけられていることを明らかにした。

5 生活保護費には、生活扶助、住宅扶助、教育扶助、医療扶助、介護扶助、出産扶助、生業扶助、葬祭扶助という8つの種類があり、必要に応じて実費が支給される。ただし生活扶助や教育扶助については、地域や家族構成に基づいた基準額の支給となる。

6 本稿では、桜井ら(2018)にならい、生活保護世帯に同居し、大学・短期大学・専修学校修学に伴い、世帯分離された学生を「生活保護世帯の大学生等」あるいは「生活保護世帯の学生」と表記する。

7 2019年5月に通常国会で法成立した高等教育の就学支援新制度が、2020年4月1日より実施される。住民税非課税世帯およびそれに準ずる世帯の学生を対象に、①授業料等減免と②給付型奨学金の支給が行われる予定である。授業料等減免の上限額(住民税非課税世帯)は、国公立大学なら入学金約28万円、授業料約54万円、私立大学なら入学金約26万円、授業料約70万円である。そのほか、短期大学や高等専門学校、専門学校も対象となる。また給付型奨学金については、日本学生支援機構が各学生に支給することとなっている。上限額(住民税非課税世帯)は、国公立の大学、短期大学、専門学校なら自宅生約35万円、自宅外生約80万円、私立の大学、短期大学、専門学校なら自宅生約46万円、自宅外生約91万円が支給される。この新制度により、貧困世帯の学生の経済的困難は大きく改善される可能性がある。ただし、日本は国公立大学数より私立大学数がはるかに多く、文部科学省の「私立大学等の平成30年度入学者に係る学生納付金等調査結果」によれば、私立大学の平均授業料は約90万円、入学料は約25万円、施設設備費約18万円、合計約133万円である。あくまで授業料等の減免であり、新制度によって、授業料等が無償になるわけではない。また理系や医学系の授業料は文系より高いため、進学先の分野が偏ることも考えられる。いずれにしても、新制度開始後には詳細な実態調査が必要となる。

8 さらに言えば、高校進学時から進路に関する困難は始まっている。調査では、「進学する高校等を決める際、経済的な理由で志望校を変えなければならなかったことがありますか」という問いに対して、「経済的な理由で進学先を変えた」21・3%、「経済的な理由で進学先を変えたことはない」55・9%、「わからない・覚えていない」16・8%、「その他」3・4%、「無回答」2・6%という結果であった。また筆者の実施したインタビュー調査においては、生活保護世帯の子どもは経済的な理由から、受験校を併願することがなかった（林 2016）。

9 筆者はこれまでに生活保護世帯の子どもたち24名にインタビューを実施してきた。分かっている範囲ではあるが、その中で今回の事例を含め、大学進学者は3名（卒業1名、中退2名）、専門学校進学者は2名である（卒業1名、中退1名）。大卒1名のみ、安定した職に就いたが、大学入学後は祖父母の支援（経済的、精神的）が大きく得られた事例だったため、今回の分析からは除外している。世帯分離後は、こうした第三者からの支援がなければ、学生生活は安定したものとはならないことが示唆される。

引用・参考文献

林明子（2016）『生活保護世帯の子どものライフストーリー——貧困の世代的再生産』勁草書房
児島功和（2017）「大学大衆化時代の学びと生活」乾彰夫・本田由紀・中村高康編『危機のなかの若者たち——教育とキャリアに関する5年間の追跡調査』東京大学出版会、267～285頁
小西祐馬（2003）「生活保護世帯の子どもの生活と意識」『教育福祉研究』第9号、9～22頁
小杉礼子（2017）「大卒者の仕事の変容」『高等教育研究』第20号、71～92頁
厚生労働省（2018）「生活保護世帯出身の大学生等の生活実態の調査・研究」委託事業の報告書について https://www.mhlw.go.jp/file/06-Seisakujouhou-12000000-Shakaiengokyoku-Shakai/houkokusyo_1.pdf（最終アクセス日２０１８年11月1日）
牧園清子（1999）『家族政策としての生活保護——生活保護制度における世帯分離の研究』法律文化社
三宅雄大（2015）「生活保護制度における高等学校等・大学等就学の『条件』に関する研究——『生活保護制度の実

施要領』の分析を通じて」『社会福祉学』第55巻第4号、1～13頁
盛満弥生（2011）「学校における貧困の表れとその不可視化――生活保護世帯出身生徒の学校生活を事例に」『教育社会学研究』第58集、273～294頁
内閣府（2018）「子供の貧困に関する指標の推移」（第6回・子供の貧困対策に関する有識者会議における資料1）https://www8.cao.go.jp/kodomonohinkon/yuushikisya/k_6/pdf/s1.pdf
内閣府（2018）「平成29年度・子供の貧困の状況と子供の貧困対策の実施状況」https://www8.cao.go.jp/kodomonohinkon/taikou/pdf/h29_joukyo.pdf
内閣府（2019）「平成30年度・子供の貧困の状況と子供の貧困対策の実施状況」https://www8.cao.go.jp/kodomonohinkon/taikou/pdf/h30_joukyo.pdf
中村高康（2017）「コラム1　学校を離れてから正規職に就くまでの『移行期間』」乾彰夫・本田由紀・中村高康編『危機のなかの若者たち――教育とキャリアに関する5年間の追跡調査』東京大学出版会、50～52頁
大澤真平（2008）「子どもの経験の不平等」『教育福祉研究』第14号、1～13頁
桜井啓太（2018）「生活保護世帯の子どもの大学等進学を考える――堺市実態調査から」『賃金と社会保障（1697–1698）』36～44頁
桜井啓太・鷲見佳宏・堀毛忠弘（2018）「生活保護と大学進学――生活保護世帯の大学生等生活実態調査（堺市）から」『貧困研究』vol.20、89～100頁
佐藤香（2011）「学校から職業への移行とライフチャンス」佐藤嘉倫・尾嶋史章編『現代の階層社会1：格差と多様性』東京大学出版会、65～79頁
谷田川ルミ（2018）「大学における〝つながり〟の重要性」『第3回　大学生の学習・生活実態調査報告書』ベネッセ教育総合研究所、40～48頁
全国公的扶助研究会監修・吉永純編（2017）『Q&A生活保護手帳の読み方・使い方』明石書店

第7章
社会的養護と当事者活動
…永野 咲

1 「選ぶこと・つながること・生きること」の困難

（1） 社会的養護は何を保障すべきか

今日「家族」は、子どもを支え育む重要な役割をもつとされる。しかし、「家族」がいつも「健康」で「安全」であるとは限らない。保護者が養育できない、または養育することが適切でないと判断された場合に、子どもたちを公的責任において養育・保護する仕組みが社会的養護である。社会的養護を必要とする理由では「虐待」によるものが42・26％であるが、保護者の入院や精神疾患などの「健康状況」によるものが17・46％、保護者の死亡や不在、離婚などの「家族状況」によるものが9・97％、未婚・就労・破産などの「経済的状況」によるものも8・40％を占めるなど▼1、背景には、子どもや家族への多重な不利の集積があることがわかる。

日本の児童養護施設でフィールドワークを重ねたグッドマンは、「児童養護施設で暮らす子どもたち（中略）はただ単にマイノリティ集団であるだけでなく、経済・政治権力へのアクセスという視点からも周縁《マージナル》集団そのものである、と強く確信する」（＝2006：37）と述べ、社会的養護の問題が、貧困の問題と地続きであることを示唆している。

そうであるならば、措置以前の生活から重なる不利を経験し、さらに保護を必要とした子どもたちを、いわば「社会が育てる」制度が社会的養護であるが、そのもとで育つ子どもたちは、どのような生活を送っているのだろうか。また、社会的養護を離れた後にはどのような人生を歩んでいくのだろうか。「児童養護施設の働きが成功したかどうか判定する最も重要な目安は、退所後に子らがどうなるかということであろう」（＝2006：243）とグッドマンが述べたように、公的な養育を提供する社会的養護は、ケアを提供した子どもたちがどのような生活を送っているのか把握し、それをもとに自らが行ったケアについて評価する責務がある。しかし、その実態は把握されていないことが多い。

その中でも、これまで、社会的養護のもとでの生活を巣立った若者たちと出会う中で、あまりに多くの理不尽と苦しみを抱えた暮らしを目の当たりにし、「社会的養護は何を保障すべきか（すべきだったか）」という問いに対峙してきた。その一つの仮説は「ライフチャンスの保障」なのではないかと考えている。

（2）「ライフチャンス」はどのように規定されるか

この「ライフチャンス」は、ドイツの政治社会学者ラルフ・ダーレンドルフ（Ralf Dahrendorf）が、「社会構造によって付与される個人の発展のための可能性」と定義したもので、「オプション（options）」と「リガチュア（ligatures）」という二つの要素の関数であるとする。

ダーレンドルフが定義するオプションとは、それぞれの社会構造が付与している〈選択可能性〉、〈行為の選択肢〉のこと（Dahrendorf ＝1982：5）で、『構造的な『選択』の機会」（檜山 2011：107）を表している。

もう一つのリガチュアは、帰属・社会的なつながりを指し、このライフチャンス概念の特徴でもある。リガチュアという語は、そもそも医学用語で「くくること、（外科手術等で部位を縫合する）結紮糸《けっさつし》」を意味する言葉であるが、ライフチャンス概念における「リガチュア」は、社会の中での個人の「位置」を定めるものとして説明される。このリガチュアが、人びとの行動の基盤をつくり、選択に意味を付与する。

安定的なつながりや結びつきがライフチャンス（を高めること）の一側面であると同時に、リガチュアが制約的に働くこともあるわけで、束縛となることもある（Dahrendorf＝1982：67）。また、リガチュアの質によっては、足枷として個人の行動機会をしばりつけることもあるが、リガチュアがまったくなければ、個人の立つ場を定めることができず、意味をもった選択を不可能にする。要するに、リガチュアは、ある行動や選択に方向づけや意味を与えるものといえる。

こうした概念を切り口に用い、社会的養護のもとで育った若者の状況を捉えようと、数量的調査と社会的養護のもとでの生活を経験した21人への聞き取り調査を行った。これらをライフチャンスの概念から紐解いてみると、社会的養護のもとで暮らす子どもたち／巣立った若者たちの、ライフチャンスの状況が垣間見えてくる。

この分析のために、オプションを「①経済状況、衣食住の状況、安心・安全な環境など、基本的な生活の条件を規定するもの、②将来にわたる教育機会や就労機会、文化や遊びの機会など、より社会的な選択肢とその機会を規定するもの」とし、リガチュアを「①家族や社会的ケアなど、自身と社会の間にある関係性を規定するもの、②友人関係、教育機関や職場、地域での社会的なつながりなど、自身と社会との関係性を規定するもの」と操作的に定義した（永野 2017）。

（3）社会的養護のもとで育つ若者の「オプション」の格差

社会的養護のもとで育った若者たちは、保護以前の家庭での生活の中で、衣食住の欠如や虐待などにより、安全な生活が脅かされた経験をもつことも多い。こうした基礎的なオプションは、社会的養護のものへの措置によって回復傾向となる。

そのうえで就職や進学の機会といった選択的なオプションも回復が図られるが、社会的養護のもとでは依然として制限がみられる。特に、これまでに行われたいくつかの数量的な調査を照らし合わせると、教育機会におけるオプションの格差が見えてくる。児童養護施設のもとでの高校中退率は17・2％で、これは、社会全体の高校中退率1・7％と比較するとおよそ10倍となる（永野・有村 2014）。また児童養護施設等からの大学等進学率は、それぞれの自治体平均の12分の1〜3分の1であり、一般との格差があるのに加えて都道府県間の格差（これは施設間の格差と言えるかもしれない）も示されている（永野・有村 2014）。つまり、社会的養護のもとからの大学等進学はそれ自体に困難があるだけでなく、措置された先によってその可能性が左右されるということである。

さらに、顕著な経済状況の格差も示されている。措置解除となった若者の生活保護受給率は、同年代の受給率の約18倍以上となっており（永野・有村 2014）、深刻な経済的困窮に陥る割合が非常に高い。

（4）社会的養護のもとで育つ若者の「リガチュア」の脆弱さ

次に、社会的養護のもとで暮らす／暮らした若者たちの、社会的に構築されたつながり「リガチュア」の状況はどうだろうか。分析からは、リガチュアの3つの側面を見いだすことができる。

第一には、家族の中で形成されるリガチュアである。社会的養護のもとで育った若者と原家族のつながりをみると、措置以前に家庭での暮らしを経験している場合には、そのもとで築かれたリガチュアは足枷的であったり、脆弱であることが想定される。こうした家族のリガチュアは、その質がどのようなものであっても、措置によって（一時的に）分断される。さらに、措置によって関係が改善に向かうこともあるが、時にはそのまま途切れてしまうこともある。

第二には、社会的養護のもとでのリガチュアがある。家庭で安定的に築けなかったリガチュアは、社会的養護のもとで新たな養育者との間に肯定的に再構築されていくと考えられる。しかし、社会的養護のもとでも養育者の頻繁な交代などがあれば、十分なリガチュアを築くことは難しい。さらには、児童養護施設を措置解除となったあと、この社会的養護のもとでのリガチュアも途絶えやすく、退所後の3年間で、約3割が施設と連絡の取れない状況となっている（有村ほか 2011）。

第三のリガチュアとして、社会の中でのつながりがあげられる。しかし、社会的養護を必要とした若者たち（とその家族）は、措置以前からすでに社会で孤立していることが多く、さらに社会的養護を必要としたことを理由に、社会からの差別・偏見にさらされることもある。

つまり、社会的養護のもとで暮らした若者たちのリガチュアは、措置以前の家庭における脆弱な（あるいは足枷的な）リガチュアと、措置によるリガチュアの分断、さらに社会的養護の措置下における不十分なリガチュアの生成の状況があると考えることができる。

（5）社会的養護のもとで育つ若者の「生」の不安定さ

ここまで、社会的養護を必要とする子どものライフチャンスをみていくと、総じてオプションの制限とリガチュアの脆弱さが指摘されるが、さらに重要なことは、オプションとリガチュアだけでは捉えきれない「アイデンティティの根幹にある『生まれ』と『生きる』ことの揺らぎ」である「生」の不安定さが、ライフチャンスを極度に制限しかねないものとして存在しているということである。この「生」の不安定さは、次の三つの意味を有する（永野 2017）。

①「生」が不明であること：自身の「生まれ」や「生いたち」の状況が不明であることによるアイデンティティの不確かさがもたらす不安定さ
②「生」が否定されること：家族などから自身の「生命」が否定される経験によって生じる不安定さ
③「生」が混乱すること：境遇やルーツの突然の開示によって、自身の「人生」のアイデンティティやルーツが揺るがされ、「育ち」が混乱することによって生じる不安定さ

一般的には、家族という強固なリガチュアのもとにある子ども期に、（その質の如何にかかわらず）措置によって家族とのつながりが（一時でも）分断されることで、「なぜ家族と（が）いないのか」、「なぜケアのもとにいるのか」という大きな葛藤が生じることになる。

自分の家族や出自について知ることは、だれもがもつ当然の権利である。しかし、社会的養護のもとで暮らす子どもたち／暮らした若者たちは、自分の誕生や措置された経緯について、はっきりと知らされていないことも多い。さらには、自身の命や存在を身近な大人たちから否定的に扱われた経験をもつこともある。そうした経験から、「自分が何者か」というアイデンティティが大きく揺るがされたり、「自分を大切にする」ことが実感しづらくなることもある。

しばしば社会的養護のもとで育った若者たちから語られる「生きづらさ」の根源をたどっていくと、こうした「生」の不安定さにたどり着くようにも思われる。こうした「生の不安定さ」は、時として保護によって保障された生存のチャンスを再び危機に陥れてしまうほどのものである。

このように、オプションとリガチュアの状況、そして「生の不安定さ」から、ライフチャンスが制限されうることもある中で、若者たちはどのように自身の人生をつくっていくのだろうか。

2 人生をつくる

(1) 自身の「生」について知る

Aさん、Bさん、Cさんはともに、乳児院から高校卒業まで社会的養護のもとで暮らした経験をもつ▼2。Aさんは、子ども時代に自身が施設で暮らしている理由を職員に尋ねたとき、「捨てられたからだ」と叱られた。30代になった今も、自分の存在に価値が見出せずに苦しんでいる。Bさんは、親のことを質問すると職員が困った顔をすることに気づき、困らせたくないと尋ねることをやめた。情報のないまま18歳で退所したが、その直後に母親が突然現れ、混乱のまま衝突し絶縁した。AさんとBさんの語りからは、社会的養護のもとで、生い立ちや家族についての情報と向き合う機会が十分提供されておらず、そのことが措置解除後の生活にも影響をもたらしていることがわかる。

Cさんは、施設で暮らしていた高校生の時、交流中の親族から「お母さんはあんたを抱っこするのを嫌がっていた」と聞かされ、大きなショックを受けた。そして、持っていた母親の遺影なども捨ててしまったという。しかし、乳児院時代の養育者からの連絡があり、乳児院にいた時のCさんは特別にかわいい赤ちゃんで、たくさんの職員が奪いあうように抱っこしたのだということを伝えられた。そのことで、Cさんは自身を抱っこしてくれた存在がいたことを知り、「この人がいるから、まだ大丈夫」と思えるようになったという。

アイデンティティの揺らぎによる「生」の不安定さに対して、自身の「生」について知ることが、家族とのつながりだけでなく、「生きること」そのものをつないでいく。具体的な取り組みとして、いくつかの施設や団体では、過去から現在までの生い立ちや家族との関係を整理し、自責の感情を修正しながら、過去との連続性を取り戻し、アイデンティティを確立していくことを支援する「生い立ちの整理」や、分断されてきた育ちをつなぐために、子どもが養育者（専門家）とともに自身の生い立ちを理解していく「ライフストーリー・ワーク」といった自身の「生」を知るための取り組みが行われている。これは、ただ事実を告げるのではなく、どのような誕生・育ちであっても、保護者やそれに代わる養育者に大切に育てられてきたこと、「あなた自身がとても大切な存在である」ということを伝えていく作業である。これらの取り組みは、十分な準備のもと、子どもたちの状況に応じた適切な時期に、信頼できる支援者や養育者とともに行っていくことが求められる。

（2）人生のコントロール権を取り戻す

社会的養護のもとで育つ子どもたちの多くは、「保護を必要としたこと」や「社会的養護のもとで暮らすこと」を自ら決めてきたわけではない。家庭に問題が起きたことも、保護されることも、家庭へは帰れないことも、施設や里親家庭で暮らすことも、自分たちで決めてきたわけではない。どの施設・里親家庭に行くのか、いつ行くのか、いつまでいられるのかといった自分の人生にかかわる重要な事項を、周囲の大人たち（社会）に次々と決められ、翻弄されてきた。いわば、自分の人生でありながら、その主体であることが許されてこなかったといえる。

さらに、生き延びるために自分の感情を麻痺させたり、蓋をする中で、自分の気持ちに気付いたり、表明する力が奪われていくかもしれない。また、声が無視され続ければ、声を上げることもやめてしまうだろう。こうして、子どもの声は奪われていく。

2013年と2014年にカナダ・オンタリオ州のアドボカシーオフィスを訪問した際、当時の所長であったアーウィン・エルマン氏は、これまでの出会いをふりかえって、あるユース▼3の状況を痛切に語ってくれた。

彼女は、保護以前から家庭のことも自分の周りのこともまったくコントロールできず、自分ではどうしようもない状況に置かれていた。侵入的に保護されることも、里親のもとへいくことも、すべてのことが自分では全くコントロールできない状況にずっとおかれていた。社会的養護にいても、自分では物事が決められない状態が続き、ただただ制度の中で扱われていった。そして18歳になると突然準備ができているかいないかに関わらずとにかく（ケアから）出される。それも自分ではコントロールできない。

彼女は、幼少期から社会的養護のもとにおかれた後でも、自分の人生が自分のものではなかった。そして「どうして、大学や短大に行けって言うの？　どうして私に自立の計画をたてさせようとするの？　私には自分の人生をコントロールするという経験がないのよ。あなたたちがアドボケートできるというなら、私たちが自分の人生の所有者になることを手助けしてほしい」と言った。

自分の人生でありながら、あらゆる時点で自分の人生の主人公でいることが許されず、コントロール権を奪われてきた一方で、主に年齢要件によって措置が解除されれば、とたんに同年代よりも早期の「自立」が求められ、独力で生活のすべてを担わなければならない。それは、自分の人生を自分で決定し、生活のすべてに自己決定・自己責任を求められるということでもある。これまで自分の生活にまつわることをコントロールすることのできなかった若者たちにとって、措置解除の日から突然「好きなように（そして、自立して、しっかり）生きるように」とハンドルを渡されても、どちらへいけばいいのか、その先に何があるのか、誰が応援してくれるのか、見通しをもつことは難しい。

社会的養護を必要とする／した子どもたちに、「自立」を求めるのであれば、まずは、これまで奪われてきた彼らの「声」を、「人生のコントロール権」を、「彼らの人生」を、彼らの手の中に戻さなければならない。

（3）自分の人生への参画——自身の保護・措置・ケアプランへの参画

そのためにできることは、子どもの意見を、声を、聴くことである。「私たちのことを、私たち抜きで決めないで（Not about us, without us.）」という言葉がある。自分たちに関することを決定するときには、自分たちの声を聞いてほしい、という至極基本的な要求である。このフレーズは、当事者の声を届けようとする多くの領域において、参画の標榜とされる。

子ども福祉制度、とりわけ社会的養護や児童保護制度の領域では、ケアの受け手の多くが「子ども」である（あった）ことや、（子どもの意見がどうであれ）強権的な介入を必要とする場合があることなどの理由から、「当事者参画」が立ち遅れてきた。

さらに、この領域での「当事者参画」を考えるとき、「誰が」当事者なのか、「何に」参画するのかという議論が生じることも、その「参画」を複雑にする。それは、ニーズの所有者である子どもが、成長していくことによって18歳を超え、（あくまで法律上の）支援の対象者・ニーズの所有者＝当事者として見なされなくなっていくことに付随する。

整理のために便宜的に区分すると、子ども福祉領域の「当事者参画」には二つの場面が想定される。第一には、子どもや家族が、支援の受け手であるその時に、自身の措置や支援計画に意見を述べるダイレクトな形での参画である。第二の時点は、社会的養護などの直接的な支援を離れた後、ケアを受けた経験者として、次世代の制度改善に向けて意見を述べる方法である。

まず、第一の参画である自身の保護・措置・ケアプランへの参画、つまり自分の人生への参画について考える。国際的にみれば、こうした家族や子ども（いわゆるケースの当事者）をプラン決定の場に加えることは珍しいことではない。

たとえば、アメリカ合衆国ワシントン州では、Shared Planning Meetingsという、子ども家庭局と家族や子どもが安全に情報を共有し、対話し、プランを作るためのモデルがあり、12のタイプのミーティングが示されている。その一つが、家族の意思決定ミーティング（Family Team Decision Making Meeting：ＦＴＤＭ）である。家庭からの分離や措置変更、家庭再統合などの重大な決定をする場合、これに先立ってＦＴＤＭを開催することになっている。緊急を要する場合などで、開催できなかった場合にも、措置の72時間以内に開催することが定められている。このミーティングには、ケースワーカー、両親、ケアギバー、両親とユースそれぞれの弁護士、該当する場合には部族の代表、サービス提供者、家族の支援者、親族、友人、他機関の支援者や代弁者が招待されるが、もちろん12歳以上のユースも出席することになっており、さらには、14歳以上のユースの場合には、自身が選んだ2人の参加者（ケースワーカー、ケアギバー以外）も招待されることになっている。

日本においても、一部の児童相談所等において、子どもや家族を中心とした会議（ミーティング）の取り組みが行われてきた。日本に比較的早期に紹介・導入されたのは、ファミリー・グループ・カンファレンス（FGC）という手法である。これは、ニュージーランドで開発されたもので、問題を部族内の話し合いで解決するというマオリ族の習慣に由来し、専門職と家族の協働作業によって、問題解決に向けたプロセスを導き出す。

大人たちの事情や決定に翻弄される中では、子どもたちは自分の気持ちに向き合ったり、その気持ちを伝える機会を得ることが難しい。家族の気持ちや問題を確認したり、自分の気持ちを伝えることのできる開かれた対話の場が用意されているということ自体が重要である。また、声を上げづらい子どもたちもいる。社会が、表出されにくい子どもたちの声とどのように向き合うべきか、本シリーズ1巻の長瀬（2019）をご一読いただきたい。

２０１６(平成28）年の児童福祉法改正を受け、２０１７年夏に出された「新たな社会的養育ビジョン」では、「すべての局面において、子ども・家族の参加と支援者との協働を原則とする」ことが示された。この中でも「参加とは、十分な情報を提供されること、意見を表明し尊重されること、支援者との適切な応答関係と意見交換が保障されること、決定の過程に参加することを意味する」と示されている。今後、子どもたちの意見や声が、自身のケアや暮らしに響くようになるはずである。

3　社会をつくる

（1）当事者活動の苦闘

第二の「参画」は、社会的養護を措置解除となった後、ケアを受けた経験から当事者として活動したり、声をあげることで、次の世代のためにより良い社会をつくっていくための参画である。さまざまな形での参画があると思われるが、これまでかかわってきた当事者活動を基軸に整理を試みたい。

当事者参画の先進国を見ると、社会的養護のもとでの生活を経験した若者たち（当事者ユース）を中心とした団体（ネットワーク）が誕生し、当事者としての参画を行なっている。英国では、1975年にはWho Cares? Groupsのモデルとなった London Who Cares? Groupが結成された（津崎 2009）。

北米では、1978年には、カナダ・オンタリオ州において、最初のオンタリオ州子ども家庭アドボカシー事務所（The Office of Child and Family Advocacy）が開設され（畑他 2018）、1985年に同州にPape Adolescent Resource Centre（PARC）が設立された。カナダのこうした先駆的な取り組みは、後述する米国でのユース・アドボカシー活動にも大きな影響を与えたとされる。

また、PARCは日本の当事者ユースとも交流を行い、ユースのみならず、多くの支援者をもエンパワメントし続けてきた。そして、カナダのオンタリオ州で学んだ当時の高校生たちが、2001年に大阪でChildren's Views and Voices（CVV）を立ち上げたのが、日本における社会的養護の当事者を主体とした団体の始まりであると考えられる。

その後、2006年に東京にNPO法人社会的養護の当事者参加推進団体日向ぼっこ（当時）が誕生した。「自分たちがされていやだったことが繰り返されないように、声をあげる術を知らない人たちが声を上げられるように、そして、社会的養護のもとに育ち苦しみを抱えている人たちが『生きているって悪くないな』と思えるように」（NPO法人社会的養護の当事者団体日向ぼっこ 2009）という思いから、当時の当事者の若者たちが立ち上げた団体である。その後、日向ぼっこ（当時）は2008年にNPO法人化し、東京都の事業を受託、（おそらく）日本初の職員体制をもった社会的養護の当事者団体となった。

私は、その立ち上げからその後の約7年に職員（支援員）として、またサポーターとしてかかわった。社会的養護の当事者団体の非当事者として、仲間のサポートと声の発信を目指したあの年月を、うまく言葉にするには、もう少しの時間が必要である。代わりに、何年かぶりに見返した団体結成5年当時の文章（永野 2011）には、「超個人的な意見」と明記したうえで、当時の当事者活動に向けられた批判的な視線への防御が散りばめられている。

> 時に、こうした（当事者の）集まりが「傷のなめ合いだ」と批判されることがある。しかし、これまで誰にも癒されなかった傷があるなら、なめ合い癒しあうことくらい許されてもいいのではないだろうか。
>
> 振り返れば、（中略）当事者団体としての活動を始めてから、「こうして欲しかった」という意見表明が、ただ「文句を言っている」とだけ捉えられてしまうことのないよう慎重に言葉を選んできたように思う。

それぞれの当事者が発言することに「正解」や「不正解」があるのだろうか、と考えている。「自分はこう感じた」という主観を排して、養育者や施設側の事情を汲み、機関の過酷さに配慮した「正しい」形での意見表明が本当に必要なのだろうか。問題解決策を提示するのは、誰の役割なのだろうか。

今、社会的養護のもとでの生活を経験した人たちの声は、発信を許されるだけでなく、正当に受け取られ、生かされる段階にきているのだと思う。

当時、多くの方々が当事者活動の意義を認め、支援してくれたのも事実だ。同時に、「業界をつぶす気か」と言われたり、メディアに強引に「サクセスストーリー」にまとめられたりもした。いずれにしても、当時、当事者の活動や声を守るためには、並々ならぬエネルギーが必要だった。

(2) 当事者の声で制度が変わるとき

その後、私はカナダへ移ることとなり、先駆的な当事者参画の様子を垣間見ることができた。そして、やはり、当事者の声は社会を変える力をもっているのだということを再確認し、同時に、当事者参画の「仕組み」を考えなければならないことを痛感した。

2014年、カナダ・オンタリオ州で出会った若者たちは、自分たちの「声」が社会を変えてきたことについて、力強く語ってくれた。

自分たちが戦った。それによって制度が変わった。自分たちが戦わなければ、制度は変わらないんだ。

制度を変えるというのは非常に時間のかかることだし、かなり努力がいること。それが実際に変わっていくことで、自分が貢献したと実感がわいてくる。そうすると、自分がやったおかげで次の世代が恩恵を受けられているという満足感が得られる。

カナダでの取り組みに影響を受けた米国では、1988年にカリフォルニア州で活動する当事者グループCalifornia Youth Connection（CYC）が設立された。CYCのユース参画のモデルは、全米に広がり、現在、米国には、各地域や州レベルでの活動だけでなく、連邦レベルで活動する当事者団体が複数存在する。そして、国政や州の子ども福祉政策に大きな影響を与え続けている。

米国ワシントン州で、2014年に可決された法律（Prudent parent standard）の策定過程を例にあげたい。この制度は、ケアのもとにいる子どもに対して、ノーマル（当たり前）な子ども時代の活動（お泊まり会や課外活動、社会活動など）への参加を許可する権限を、実親ではなくケア提供者が持つことができるようにする制度である。

2016年から2018年にかけて、米国の当事者（元）ユース、学識経験者、当事者参画を行う団体スタッフ、州政府担当者に対して行った聞き取り調査から、わかってきた可決までのプロセスを示す（図1）。

①当事者ユースのニーズを提言にまとめる

ワシントン州の社会的養護に関する委員会（Washington State Commission on Children in Foster Care▼4）には、その内部に当事者ユースを含むノーマルシー・ワークグループ（Normalcy Workgroup）が設けられている。

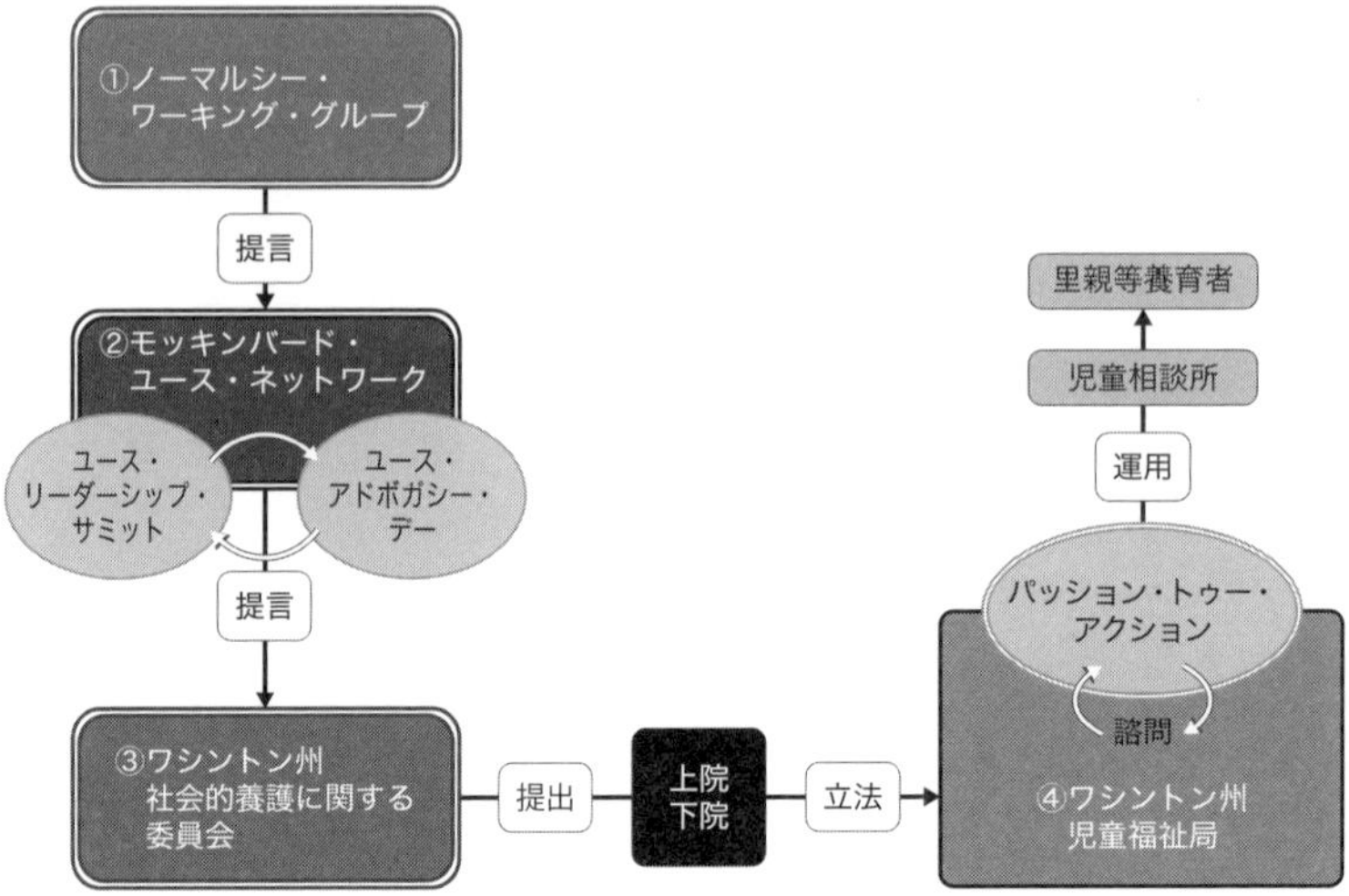

図１　ワシントン州における政策への当事者参画（筆者作成）

このワーキングの目的は、社会的養護のもとの子どもや若者のニーズをアドボケイトによって特定することであり、２０１２年に設置された。ワークグループのメンバーには、当事者ユースや里親が含まれ、統括するのも元ユースである。

このワーキングが、ワシントン州の大規模な当事者ユースの団体モッキンバード・ユース・ネットワーク（Mockingbird Youth Network▼5）に対し、社会的養護の改善に向けた提言案についてアドバイスを行った。それを受けたモッキンバード・ユース・ネットワークが、政策改善のための提言を発表する。その一つが、ノーマルシー（当たり前の経験・暮らし）を保障するための本制度の成立についての要望であった。このモッキンバード・ユース・ネットワークによる一連のアドボカシー・サイクルは、夏に開催されるユース・リーダーシップ・サミット（Youth Leadership Summit）で解決策を明確にし、冬に開催されるユース・アドボカシー・デー（Youth Advocacy Day）で、変革のためのアドボケイトを行うという年間計画を辿っている。アドボカシー・サイクルの最終段階であり、最大のイベントであるユース・アドボカシー・デーでは、アドボカシー・アジェンダを掲げ、政策立案者とその重要性について話し合う。２０１７年度には、３１７人の出席者が集まり、50人以上の政策立案者と議論を交わした▼6。

②当事者ユースの提言が制度へ

そもそもワシントン州の社会的養護に関する委員会（当時）には、15名中2名の当事者が入っている。この委員会がモッキンバード・ユース・ネットワークによる提言を取り入れ、議会に提出、立法され、州の児童福祉局（Washington State's Children's Administration）に送られたのである。

送られた州の児童福祉局内には、当事者ユースによって構成された諮問機関パッション・トゥー・アクション（Passion to Action: Ｐ２Ａ▼7）が設置されている。Ｐ２Ａは、14歳から24歳までのワシントン州の社会的養護制度のもとにいる若者や措置解除となった若者約20名で構成される。Ｐ２Ａのメンバーは、州児童福祉局に対し、政策や実践、出版物についてのインプットやフィードバック、提言を行う。また、州児童福祉局は、ケアにいることやケアを離れることの経験について学ぶために、Ｐ２Ａのメンバーを多くの機関でのトレーニングやソーシャルワーカー、里親、コミュニティに対するプレゼンテーションで重用している。

この新制度も、Ｐ２Ａの諮問を受け、当事者ユースの立場からの評価が行われた。その上で、運用に向けて児童相談所に通達され、養育者に向けたトレーニングが開始された。

③保障された制度への当事者参画

このプロセスから、制度ができるまでの四つのポイント（二重線部分）において当事者ユースの参画が具体的に保障されていることがわかる。この２０１３年に出された提言は、２０１４年に可決され、２０１６年12月には、現場でのトレーニングが開始されている。当事者が真に必要とする制度が迅速なタイミングで生まれていることがわかる。制度化のプロセスにおいて、当事者の声を聴くことの重要性が認識され、システムの中で確実に当事者が参画する制度的な仕組みが用意されているのである。

４　これからの当事者参画に何が必要か

（１）当事者ユースの安全性を担保する——安全性のトレーニング

今、日本でもユースの声を中心にしようという機運が高まっている。一方で、当事者ユースが発言する際の安全性をどのように確保するのかという大きな課題は十分に検討されていないようにも思われる。社会的養護のもとで育った当事者が自身のストーリーや意見を伝える際には、話す側にも聞く側にも当事者の安全性を確保するための方策が不可欠である。私が、当事者団体をサポートし始めた２０００年代には、このような考えは全く存在しておらず、聴衆の期待に応えようと自分の経験を詳細に話し過ぎてしまったり、十分に扱うことのできないトラウマについて話すことでしんどさを抱えたり、大人たちに語ることを半ば強制されて傷ついていく当事者の仲間たちを多く見てきた。自身のストーリーを話すことは、自分自身の回復や制度改革に向けた大きなエネルギーをもつと同時に、リスクも内包するのである。

米国では、連邦レベルで活動する当事者団体などによって、ストラテジック・シェアリング（Strategic Sharing）という安全性確保のためのトレーニングが提案され、広く共有されてきた。このトレーニングの重要な点は、自身の経験を話そう・共有しようとする当事者ユースたちに、自身のストーリーは自分自身のものであると伝えることにある。話したくないことは話さなくてよいし、何をどこまで話すかは、自分の安全性と相談しながら決めていくことができる。そして、聞き手のニーズに応じて、自身のエピソードなどを効果的に用いて、相手の変革を促していく。

当事者参画の重要性を強く認識したうえで、当事者が語ることは彼らに課せられた義務ではないということを確認すべきである。そして、語ろうとするユース自身が、ストーリーを語る過程や目的といったすべてに対して、コントロールする感覚をもて、語らされているのではなく、目的のために望んで語っているという感覚をもてているか、確認することが重要である。

こうした安全性のためのトレーニングは、ピアtoピア（仲間から仲間へ）で行うことで効果を高めるといわれている。日本では日米の当事者ユースの団体International Foster Care Alliance（ＩＦＣＡ）が許可と翻訳権を受けて日本語版を作成し（International Foster Care Alliance 2015）、現在、日本の実情に合わせるようユースの手で工夫が加えられながら、ピアtoピアでの普及に向けた活動が行われている。

（2）当事者ユースの「声」をどのように受け取るか

ストラテジック・シェアリングには、当事者自身だけでなく、依頼する側や聴き手に対するトレーニングも含まれている。たとえば、当事者になぜ語ってほしいか伝えること、当事者が十分な準備ができるよう十分な時間を確保すること、当事者の語りたいことを尊重すること、当事者の語りを編集したり捻じ曲げたりしないこと、当事者の語りがどこでどのように使われるのか開示すること、好奇心を満たすための深掘りをしないこと、当事者に対しても専門家に対して示す敬意や感謝と同様の態度を示すことなどが明記されている。

米国で、当事者活動をしているユースに話を聞くと、自分自身のことを語る際には、「かわいそうさを売らない」という大前提があるという。自分自身を「かわいそうな人」として扱う場で語ると、「かわいそうな人」としての自分を強化することになるというのである。あくまでも、社会的養護の専門家として、自分の経験を効果的に伝え、改革に動いてもらうために語るのである。

当然、日本においても同様の考えのもと「声」が聴かれるべきである。当事者ユースは、社会的養護の専門家である。当事者の語りを聴きたい（語らせたい）と考えるとき、自分たちが当事者の「声」を消費しようとしていないか、受け取った「声」をどのように扱うのか、当事者参画の理念の再考が必要である。

（3）当事者ユースのサポートと参画の制度的な保障

当事者ユースとして活動をしたいと考えているユースたちであっても、私たちの誰もがそうであったように、継続した支えやサポートが不可欠である。米国では、当事者ユースを支える大人のことを、サポーティブ・アダルト（Supportive Adult: SA）と呼び、当事者ユースの主体性を尊重し、実質的なサポートを行う（International Foster Care Alliance 2019a）。安全に安心して、当事者が声を発信することができるよう、こうしたサポートの体制を構築することが必要であろう。

日本でも、今後、当事者ユースの意見表明の機会や参画の場面が増えていくと期待される。その際には、ユースが「対等な立場で」意見が述べられるような具体的な配慮が必要である。たとえば、会議には複数名で参加できるようにすることや、事前にワーキンググループを開催し、制度の詳細を説明したり、会議の意義や進め方を説明するなど、ユースが発言しやすい環境を整えることもできる。

これまで見てきたように、カナダやアメリカで行われている当事者参画は、自身のケアプランへの参画であれ、政策決定場面への参画であれ、制度として、法に明記される形で保障されている。そこには、当然、予算も付随する。当事者参画を推進しようとするのであれば、当事者の台頭を待つのではなく、公的に用意された場で、ユースの声が制度に届き、反映されるという方法を、私たちが、社会が整備する必要があるのではないだろうか。

※本稿の2節以降は、永野咲（2019）を大幅に再編したものである。また、本研究の実施にあたっては、「科研費（17K13886）：社会的養護における当事者参画のシステム化：アクションリサーチのための予備的研究」の助成を受けている。

注

1　里親、児童養護施設、児童心理治療施設、児童自立支援施設、乳児院、ファミリーホーム、自立援助ホームへの入所理由のうち、「虐待」とされる父および母の「放任・怠だ」「虐待・酷使」「棄児」「養育拒否」を合計した割合。厚生労働省子ども家庭局・社会援護局障害保健福祉部（2020）「児童養護施設入所児童等調査の結果（平成30年2月1日現在）」「健康状況」は、父および母の「入院」「精神疾患等」「家族の疾病の付添」の合計。「家族状況」は、父および母の「死亡」「行方不明」「父母の離婚」「両親の未婚」「父母の不和」の合計。「経済状況」は、父および母の「就労」「破産等の経済的理由」の合計。

2　２００８年から２０１２年までに行ったインタビュー調査をもとに複数のケースを組み合わせたもので、架空の事例である。

3　社会的養護のもとで暮らす／暮らした若者（概ね30歳まで）のことを北米では「ユース」と呼ぶことが多い。ここでは、この意味でユースまたは当事者ユースという語を使用する。

4 Washington State Commission on Children in Foster Care：Washington Courtの管轄下にある委員会。現在20名の委員のうち2名が社会的養護経験者である。また、子どもを保護された親も委員として参加している。https://www.courts.wa.gov/index.cfm?fa=home.sub&org=commFC&page=about（2018/09/06）

5 Mockingbird Youth Network：ワシントン州全体で活動する社会的養護やホームレスの経験を持つユースのネットワーク。州内に7つの支部があり、次世代のユースが同じ困難に直面しないために、自身のケアやホームレスの経験を共有する。

6 https://mockingbirdsociety.org/advocacy-cycle（2018/09/06）

7 http://independence.wa.gov（2018/09/05）、https://www.fosterclub.com/resources/washington-state-passion-action（2018/09/05）

引用・参考文献

有村大士・山本恒雄・永野咲・ほか（2013）「児童養護施設におけるアフターケアの専門性と課題に関する研究」『日本子ども家庭総合研究所紀要』50（http：//www.aiiku.or.jp/aiiku/kiyo/49pdf/49-111.pdf, 2015.12.15）

Dahrendorf, Ralf（1979）*Lebenschancen. Anlaufe zur sozialen und politischen Theorie*, Suhrkamp, Frankfurt a.M.（吉田博司・田中康夫・加藤秀治郎訳（1982）『ライフ・チャンス――「新しい自由主義」の政治社会学』創世記）

Department of Health（1998）Mordernising Social Services.

Foster Care Alumni of America・Casey Family Programs『Strategic Sharing』.

Goodman, Roger（2000）*Children of the Japanese Stat:The Changing Role of Child Protection Institution in Contemporary Japan*, Oxford University Press.（津崎哲雄訳（2006）『日本の児童養護――児童養護学への招待』明石書店）

畑千鶴乃・大谷由紀子・菊池幸工（2018）『子どもの権利最前線 カナダ・オンタリオ州の挑戦――子どもの声を聴くコミュニティハブとアドボカシー事務所』かもがわ出版

檜山雅人（2011）『自由とライフチャンス――ダーレンドルフの政治・社会理論』一藝社

International Foster Care Alliance（2015）『ストラテジック・シェアリング――Strategic Sharing』

International Foster Care Alliance（2017）『Youth Publication Vol.5――特集 社会的養護における当事者参画』
International Foster Care Alliance（2019a）『児童福祉施設や里親家庭を巣立つ若者たちの伴走者のためのブックレット サポーティブ・アダルト』
International Foster Care Alliance（2019b）『IFCAユース・プロジェクト――社会的養護のもとで育った当事者ユースの活動』
International Foster Care Alliance（2019c）『ユースとサポーティブ・アダルトの生涯をつうじた、家族のようなつながり パーマネンシー・パクト――児童養護施設や里親家庭で育つ若者たちのパーマネンシーを築くためのツール』
神奈川県児童福祉施設職員研究会調査研究委員会（2013）「神奈川県児童養護施設等退所者追跡調査神児研研修報告」（http：//www.knsyk.jp/s/shiryou/pdf/24taisyojidou_houkoku.pdf, 2015.12.15）
厚生労働省雇用均等・児童家庭局（2015）「児童養護施設入所児童等調査の結果（平成25年2月1日現在）」
厚生労働省科学研究費補助金政策科学総合研究事業（政策科学推進研究事業）社会的養護等の子どもに対する社会サービスの発展に関する国際比較研究―循環型発展プロセスの課題と文脈の分析―平成27年度・平成28年度総括・分担研究報告書（研究代表者・木村容子）
松本伊智朗（1987）「養護施設卒園者の『生活構造』――『貧困』の固定的性格に関する一考察」『北海道大学教育学部紀要』49、43～119頁
永野咲（2011）「当事者活動の今を考える」『子どもの虐待とネグレクト』13（3）、363～368頁
永野咲（2012）「児童養護施設で生活する子どもの大学等進学に関する研究――児童養護施設生活経験者へのインタビュー調査から」『社会福祉学』52（4）、28～40頁
永野咲（2013）「児童養護施設からの家庭復帰経験者へのインタビュー調査」『児童養護施設からの家庭復帰ケースの養育支援における市町村と施設との連携に関する研究――養育支援訪問事業と施設職員によるアフターケアとの有機的連携（主任研究者・伊藤嘉余子）』財団法人こども未来財団平成23年度児童関連サービス調査研究事業報告書
永野咲（2014）「社会的養護における『ライフチャンス』概念」『東洋大学大学院紀要』50、119～137頁
永野咲（2014）「社会的養護におけるライフチャンス保障――国内外の『当事者活動』の役割とリジリエンスに注目して」『ユニベール財団研究助成研究報告書』

永野咲・有村大士（2014）「社会的養護措置解除後の生活実態とデプリベーション――二次分析による仮説生成と一次データからの示唆」『社会福祉学』54（4）、28～40頁
永野咲（2015）「施設退所後の生活実態を捉える」『世界の児童と母性』79、47～51頁
永野咲（2017）『社会的養護のもとで育つ若者のライフチャンス――選択肢とつながりの保障、「生の不安定さ」からの解放を求めて』明石書店
永野咲（2019）「日本における当事者参画の現状と課題」『子どもの虐待とネグレクト』21（1）、8～14頁
長瀬正子（2019）「子どもの『声』と子どもの貧困――子どもの権利の視点から」松本伊智朗編著『生まれ、育つ基盤――子どもの貧困と家族・社会』（シリーズ子どもの貧困①）明石書店
西田芳正編著　妻木進吾・長瀬正子・内田龍史著（2011）『児童養護施設と社会的排除――家族依存社会の臨界』解放出版社
NPO法人社会的養護の当事者団体日向ぼっこ（2009）『施設で育った子どもたちの居場所「日向ぼっこ」と社会的養護』明石書店
大阪市（2012）「施設退所児童支援のための実態調査報告書」
埼玉県福祉部子ども安全課（2013）「埼玉県における児童養護施設等退所者への実態調査報告書」
佐藤郁哉（2008）『質的データ分析法――原理・方法・実践』新曜社
青少年福祉センター編（1989）『強いられた「自立」』ミネルヴァ書房
静岡県児童養護施設協議会（2012）「静岡県における児童養護施設退所者への実態調査報告書」
谷口由希子（2006）「児童養護施設の子どもたちと生活の立て直しの困難性――脆弱な生活基盤の家族・子どもと社会的排除の様相」『教育』731、国土社、26～33頁
谷口由希子（2011）『児童養護施設の子どもたちの生活過程――子どもたちはなぜ排除状態から抜け出せないのか』明石書店
東京都保健福祉局（2011）「東京都における児童養護施設等退所者へのアンケート調査報告書」
妻木進吾（2008）「児童養護施設経験者の学校から職業への移行過程」大阪人権教育啓発事業推進協議会『児童養護施設経験者に関する調査研究事業2007年度報告書』、67～98頁
妻木進吾（2011）「児童養護施設経験者の学校から職業への移行過程と職業生活」西田芳正編著『児童養護施設と社会的排除――家族依存社会の臨界』解放出版社、133～155頁

津崎哲雄（2013）『英国の社会的養護の歴史——子どもの最善の利益を保障する理念・施策の現代化のために』明石書店

第8章

社会的養護につながる若者が直面する複合的不利

――自立援助ホームの現場から

…屋代通子

その日、ホームの泊まり勤務にあたっていたわたしは、寝間着代わりに反貧困キャラバンの際に購入したTシャツを着ていた。背中に大きく、「反貧困」と入っている。

利用者のひとり、Aさんが、わたしの背中を見て笑いながら言った。「何それ？　最近は貧困に興味あるの？」

自立援助ホームという現場を一言で言うなら、「自分で自分を養うこと」を決断した／させられた20歳前の若者たちの支えになろうとする場所である、というのが、援助ホームに関わって10年目を迎えるわたしの、個人的な総括だ。だから自立援助ホームにいるのなら自分で生計を立てていけるようになれなければ困るのだが、当ホームでは、最低賃金程度でのアルバイト収入しか得られていない利用者がほとんどというのが実情である。

わたしたちは貧困対策として自立援助ホームを運営しているわけではない。とはいえ、安心して自立生活を送るためには一定以上の安定した収入が得られることは不可欠で、その意味で「貧困問題」にはずっと関心がある。Aさんの収入も決して十分とは思えず、始終お金がないゆえの我慢を強いられている彼女を見ているだけに、この反応は意外なものだった。彼女たちはひょっとしたら、自分たちを「貧困」という言葉でくくってはいないのかもしれない。これはちょっとした発見だった。

支援するわたしたちが見るものと彼女たちに見えている世界とが違っていること、忘れがちなその現実を、改めて心に刻ませられた出来事だった。

1　自立援助ホームとは

筆者がホーム長を務める「シーズ南平岸」は札幌市内にあり、児童福祉法33条の6に規定された第二種社会福祉事業の児童自立生活援助事業で、2010年に開設した定員6名の女子のための自立援助ホームである。この「自立援助ホーム」という通称は、国に先駆けて補助金交付を始めた東京都の要綱による。

自立援助ホームはもともと、児童養護施設等を出て就労自立をしようとする人たちの居住場所として、児童養護施設関係者らと当事者との自助努力で整備されてきた。自立援助ホームという形態の成り立ちについては、全国自立援助ホーム協議会の発行しているハンドブック『さぽおとガイド』▼1や、自立援助ホームの草分けである長谷場新宿寮の長谷場夏雄氏が書かれた『かけがえのないあなたへ』▼2に詳しいのでぜひそちらを参照していただきたい。ただ、自立援助ホームの現在の形は、自立援助ホームという場に来ざるを得なかった方たちと、彼ら、彼女たちを何とか支えたいと考えた人たちの権利獲得の運動抜きには理解できない。

当初、自立援助ホームは社会的養護の枠外にあって財政的裏付けもなく、委託費を受けられる保護観察児の受け入れを積極的に行っていた時期もある。また、公的な補助も法的根拠もないだけに、どういう人をどういう条件で受け入れるかは各ホームの考え方次第だった。

それが一変するのが2009年度で、形態としてはあくまでも第二種社会福祉事業のまま、国と自治体から措置費が支弁されることになった時からだ。それまでは社会的養護の「その後」の支援の場であった自立援助ホームが、社会的養護の一画を担うようになる。措置費によって運営の安定がある程度担保されるようになった反面、入居者の年齢要件（15～20歳）や入居要件、定員（5～20名）、職員の配置基準などが厳格に運用されるようになった。

基本的には本人とホームとの契約により入居する場所だったものが、原則として児童相談所の委託措置による入居という形をとるようになっている。児童相談所を経ない入居は私的契約とされ、保護観察入居とともに、措置費の対象とならない。

児童自立生活援助事業（自立援助ホーム）実施要綱[3]によれば、中学校卒業以上（すなわち、稼働年齢）から20歳到達まで（学籍があれば22歳の年度末まで）の児童等で、家庭での養育が見込めない者が、就労自立をするための居宅支援が自立援助ホームであるが、現状は単純ではない。

２０１６年度の児童福祉法改正により、２０１７年度からは就労の難しい者の入居が公然化され、２０１９年度当初の時点では、全入居者のおよそ3分の1が全日制、定時制、通信制の高校ないし、専門学校や短大、大学に通っており[4]、学生だけを受け入れる自立援助ホームも出てきている。

また、自立援助ホームは児童福祉法上の制度なので、その利用者は原則として他の法制度を利用できないため、かつて入居者は生活保護を受けられなかったし、障がい者自立支援法等の諸制度も利用できなかったが、シーズ南平岸でも障害程度により一般就労が難しいとされて生活保護を受けていた利用者、高校卒業まで生活保護を受給していた利用者の例がある。

入居の前に児童相談所を経るとはいっても、そこに至るまでの経路は多様だ。

たとえばシーズ南平岸では２０１８年度末までに31名が入居しているが、このうち13名は社会的養護の経験がなく、10代後半になるまで家庭で育っている。とはいえ、安定した環境だったから家庭にいられたとは限らない。何度も虐待・ネグレクト通告されて指導対象になってきたが、親子分離には至らなかったケースもある。そうした場合は、子どものほうが年齢を重ね、周りの状況が見えるようになるにつれて自分の養育環境にとどまり切れなくなって家を飛び出してしまう——文字通り家出をする、学校の先生などに相談する、子どもシェルターに逃げ込むなど——結果になっているように思われる。

何らかの社会的養護資源を経験している場合でも、その経験は決して直線的なものではなく、幼少期から一貫して施設で育った人もいれば、家庭と施設を出たり入ったりした人もいるし、養護施設から家庭に戻り、次に児童自立支援施設に行き、また家庭に戻ったが再度家出して自立援助ホームにつながった人もいる。家庭からも施設からも拒否されて社会的入院を余儀なくされていた方を受け入れた例もある。

２０１９年４月の時点で全国には１６８か所のホームがある▼5。６名定員のホームが４分の３強を占め、定員が10名以上になり建物も大きい寮型、夫婦が住み込み、あるいはホーム長夫婦の自宅に受け入れる形の里親型などもあるが、最も多いのは、一般住宅を利用し、職員が交代で通う小規模なグループホーム型だ。運営母体のおよそ半数が特定非営利活動法人である。

典型的なグループホーム型のシーズ南平岸には、常時10代後半の女性たちが複数暮らし、学校に行ったり、仕事に行ったり、仕事を探したりしている。

なお、後述するようにシーズ南平岸も当初特定非営利活動法人によって設立されたホームだが、２０１８年度末をもって社会福祉法人に運営が譲り渡されている。委譲の理由は、ひとえに事業の持続可能性の維持と、職員の労働環境改善だ。一口に特定非営利活動法人といってもその内実は様々で、複数の事業所を抱え多くの職員を擁する法人もあるが、シーズ南平岸の場合は一法人一事業所であり、専従職員はシーズ南平岸の職員のみ、事務局は兼任だった。職員集団が非常に小さかったのである。

措置費事業の場合、人件費は事務費という形で国の定めた一定金額が、定員の数に応じて支弁される。6名定員の自立援助ホームの職員配置基準は2・5人（有資格の指導員2名と資格の有無を問われない補助員1名で、おおむね指導員は常勤、補助員は非常勤と読み替えることができる）なので、事務費は2・5人の専従者の人件費相当額と想定される金額になっている。だが、2・5人で1か月30日あまりの泊まり勤務をカバーすることは不可能で、シーズ南平岸では設立時から常勤者2～3名に加え、夜勤非常勤、複数の泊まりボランティアや学生の泊まりアルバイトをお願いして勤務を回してきた。それでも夜間はもとより、日中も原則ひとり勤務になる。また、女子ホームでもあり、泊まりを担うスタッフは全員が女性である。

小規模の職員集団だったため、できるだけスタッフの要望を取り入れてシフトを組み、融通しあって希望休を確保してきたが、有給休暇や長期の休みを取るのは難しく、また、本人や家族の急病の穴埋め、退職者が出た際の欠員の補充にずっと頭を悩ませていた。スタッフたちには、入居者の方々にとって、多様な生き方のロールモデルになってもらいたいという思いもあり、産休や育休、介護休暇も保障しようとすると、どうしてもほかのスタッフにしわ寄せがいってしまう。２０１８年には退職と産休が重なり、恒常的な職員の欠員のために、とうとう入居を断らざるを得ない事態になった。

実はこれは、自立援助ホームとしては特別に稀なケースではない。入居施設の場合、運営規定で定める定員のほかに、前年までの入居実績により暫定定員がとられることがある。たとえば6名定員のホームなのに年間を通じて1月平均4名未満しか入居実績がなく暫定定員4とされると、翌年は1年間、4名分しか事務費が支弁されない。年間にするとおよそ1人分の人件費に相当する５００万円近い減収となり、ホームの運営に多大な影響を与えるため、全国自立援助ホーム協議会では、毎年度初めに行っていた人数調査で、各ホームに暫定設定の有無と、暫定になった理由を尋ねているが、2018年度暫定定員になった（つまり前年度の入居者が少なかった）と回答のあった34ホームのうち、3ホームがスタッフの欠員を理由にあげている▼6。

自立援助ホームは退居した後も本人が望む限り関係を断ち切らない。シーズ南平岸でも、退居した方々（シーズではOGと呼んでいる）のおよそ3分の1と常時コンタクトがあり、毎日のように電話してくるOGもいる。職員の欠員が続いて万一シーズ南平岸が休止したり閉鎖せざるを得なくなったりすれば、現入居者は児童相談所が責任をもって行き先を見つけてくれるかもしれないが、OGたちは頼る先をひとつ失うことになる。シーズ南平岸がシーズ南平岸として今ある場所にあり続けるために、いつでもOGを迎えられるために、そして、職員が当然の権利である休暇を確保し、安心して働き続けられるために――同じスタッフが長く働き続けることは、OGにとっても気心の知れた相談相手がずっといてくれることにつながる――、複数の事業所を抱え、大勢の職員を擁する社会福祉法人に事業を委譲することとした。

2　自立援助ホーム利用者の抱える困難

全国の自立援助ホームにはこれまでに2005年度、2008年度、2015年度と3回、利用者の悉皆調査が行なわれている。これらの調査を監修した松本伊智朗は、自立援助ホームに来るまでに本人が経験・直面した困難を、大きく①被害体験――「非行・犯罪の被害」「いじめ」「性被害」「養育者からの虐待」、②生活基盤の崩壊――「返済に困る借金」「解雇」「住む所が決まっていなかった」「親や保護者の死亡」「親や保護者の行方不明・連絡がつかない」「ひとりで、あるいは子どもだけで生活していたこと」「行くところがなくて駅や路上・車中などで寝泊りをしたこと」、③社会的排除――「仕事や学校など通う場所（所属先）がなかった」「学校の長期欠席・不登校」「停学・退学」に分類し、その分布や中身は3回の調査を通じて大きな変動はないと述べている。2015年度の調査からは、利用者の6割が複数の困難を経験し、さらに2割は①〜③の3つが重なっていることが窺えると分析している▼7。

現在では原則として児童相談所の調査に基づき委託措置されて入居するのであるから、何らかの形で生活基盤が損なわれているのは前提としても、そこに①と③の不利が複合的に重なっている方が少なくないことは、わたしたちも実感している。

被害体験としては、これまでのシーズの入居者のほとんどが保護者ないし同居人からの虐待を経験しているし、親・親族・学校関係者からの性的誹謗を含む性暴力、職場でのセクシャルハラスメントを受けている。入居の際の児童相談所による説明の中で虐待がないとされていても、シーズで暮らすうちに、怪我には至らない程度の小突く、叩くが日常的であったとか、粗雑なコミュニケーション、小遣いやバイト代の巻き上げ、放置に近い放任、家庭生活で子どもの意向がまったく顧みられないなど、虐待やネグレクトと言っておかしくない家庭状況が見えてくる。

社会的養護を経ずに、それまで家庭で暮らしていた10代の少女が、保護者からこれ以上養育できないと突き放されてやってくるケースもある。家出を繰り返す、SNSを使った不特定の異性との交遊、携帯に没頭して親の言うことを聞こうとしない、というのが養育拒否に至る主な理由だが、本人の側の話を聞くと、何をしても適切に評価してくれない親、ほかのきょうだいばかりにかまけている親に振り向いてほしいがための行動であったり、高校生になっても門限が18時とされていたり、小遣いがないといった締め付けや、交友関係に口出しされるといった干渉に対するせめてもの抵抗であったりすることが明かされる。学校でのいじめ体験から、いまも同世代の集団の中ではどうすれば目立たず、不快がられずにその場をやりすごせるかにだけ心を砕いて過ごしているという入居者もいる。

生活基盤の崩壊の極端な例として、保護者が住み込み就労を解雇され、一家で車上生活を送っていた利用者もいたし、虐待と搾取を逃れるための頻回な家出の末にホームに来た利用者もいた。

また、ホーム設置から間もない頃、施設内でいじめを受けて親族引き取りとなったものの、そこにもいづらくなり、18歳未満であるにもかかわらず単身生活保護を受けて一人暮らしをしていた方がホームにつながってきたケースもあった。まもなく18歳を迎える頃に自立援助ホームができたため、勧められて入居を決断したのだ。親族宅から出る際にそれまで通っていた普通高校は中退せざるを得なくなり、ホームにつながるまでの数か月間、彼女が話をする相手は月1回様子を見に来てくれる生活保護のワーカーだけだったという。そのためか、心理検査の結果ではIQは普通領域だったが、当初語彙が出づらく、考え込むようにして一語一語絞り出していた姿が印象に残っている。脳科学は門外漢だが、他者との交流が途絶すると脳の働きにも影響が出るのか、と驚かされたものだ。彼女のケースなどは、明らかに①と②と③の複合だ。

ひとり親家庭の出身者も多い。2015年調査によれば、自立援助ホームへの入居直前、4人にひとりが親と同居しているが、そのうちの半数以上は単親だ▼8。

ひとり親の場合、親の入院、収監はたちどころに生活基盤を不安定にするが、中高生年齢、特に中学校を修了していると、受け入れてくれる里親、施設がなかなか見つからない。まして、同じ高校に通える範囲での施設入所は絶望的となり、やむなく自立援助ホーム活用という例もある。

だが、同じ高校生でも、児童養護施設・里親に措置されている場合と自立援助ホームでは経済的負担が同一ではない。現在、社会的養護の児童にも、高校を卒業するまでの経費は一定程度支弁される。入学時の加算、通学費用を賄うための加算（特別育成費）、資格取得加算、見学旅行費などだ。自立援助ホームでも、入学時、通学費用、資格取得の加算はつくが、見学旅行費つまり修学旅行の費用は現段階では出ない。高校2年生の1学期に、それまで措置されていた里親と関係が悪化してシーズに入居したBさんの場合、修学旅行費用は2年生進学時に一括で振り込まれていたものの、修学旅行が秋ですでに里親措置から外れる時期だったために、その分を里親を通じて返還しなければならず、修学旅行には自分がアルバイトで貯めた貯金を切り崩して参加した。

また、児童養護施設や里親のもとに措置されていても、学校から離れると年齢にかかわらず措置が変更になるケースがほとんどだ。制度の立て付け上、18歳到達までは施設や里親のもとにいることはできるはずだし、厚生労働省でもその趣旨の通知を出してはいるものの、現実には特に養護施設の場合、学校をやめる＝措置変更となる。そこを逆手にとり、家に帰りたいがために学校を辞めてしまう子、中学校卒業後、進学を拒否する子もいる。

もちろん、施設ごとの考え方にもよるので一概に言えることではなく、学校を辞めてアルバイトを続けながら一年近く施設にとどまり、その後シーズに入居した方の例もある。想像でしかないが、特に大舎の養護施設の現場では、学校に行かないでいられる高校生年齢の入居児の存在が周りに与える影響——つられて辞めたくなる子が続出するなど——が憂慮されるのかもしれない。措置を解除されても実家にも帰れない場合の受け皿として、自立援助ホームが機能している部分もある。だが、自立援助ホームは自立生活のシミュレーションの場という性格をもっているので、ほとんどのホームでは家賃代わりの利用料を徴収するし、食事は提供されるものの、衣類、日用品などは自分で賄わなければならない。さらに施設・里親措置中は支弁される医療費が自立援助ホームでは出ないため、病院代もかかる。

一口に社会的養護といっても、どの類型にいるかによって格差ができてしまうのである。

3　シーズ南平岸にくるまで——困難の背景にあるもの

シーズ南平岸を設立した特定非営利活動法人ＣＡＮは、虐待、ＤＶなど家庭が健全な養育の場として機能していない子ども・若者が、学校を卒業したり成人に近づいたりして「保護されるべき児童」でなくなると、寄る辺ないまま機械的に社会的自立を要請されてしまうことに疑問を感じ、10代後半以上の比較的高年齢の子ども・若者が必要な社会資源につながれるようにと始めた寄り添い支援をきっかけとしてシーズ南平岸を開設した。

２０１８年度までに31名の方々が入居してきたが、通ってきた困難はひとりとして同じではない。その一方、共通して見えてくる姿もある。

社会的養護は「保護者のない児童や、保護者に監護させることが適当でない児童を、公的責任で社会的に養育し、保護するとともに、養育に大きな困難を抱える家庭への支援を行うこと（厚生労働省ＨＰ）」で、平成28年改正児童福祉法の第一条や、子どもの権利条約の前文や18条、20条に規定された子どもの「養育される権利」を保障するものだ。

社会が責任をもって（衣）食住と必要な教育機会を提供するので、社会的養護、特に児童養護施設や里親のもとにいる児童は、本来経済的な意味では貧困とは言いがたい。

そして、自立援助ホームに限らず、社会的養護の子どもたちの困難の大半は、この「保護者がないこと、ないし監護させるに適当でない保護者がいる」ことに起因する。

前述した利用者調査のうち2005年度と2008年度に実施された調査では、親・親族から、金銭的援助、精神的支え、宿所の提供、保証人のうち、どのような支援を期待できるかを尋ねているが、いずれの年度でも、特にないとする回答（注：回答しているのは利用者本人ではなく、ホーム職員である）が最も多く、それぞれ42・6％、36・3％だった▼9。

現在社会的養護を必要とする方たちはほとんどが「孤児」ではない。面前DVを含む虐待、保護者の疾病、収監、所在不明や養育の放棄を理由として施設などに措置される。シーズ南平岸でも、これまでに入居した31名のうち、両親ともに死別していることがはっきりしていた人は3名に過ぎない。

一方で、特に未成年のうちは、「親」がいなければ進まない事柄が多い。予防接種や歯科治療も含む医療行為、高校入学や履歴書の保護者欄、賃貸住宅や携帯電話などの契約行為など。里親や養護施設長が代行できる場合もあり、社会生活上は問題が生じないかもしれないが、保護者欄を埋める必要に迫られるたびに、あるいは保護者といっしょに来てくださいと言われるたびに、保護者がいるのに頼れない現実を突きつけられることになる。

こうした理不尽感は自分自身のよって立つ存在意義への疑義になる。親に愛されていない、必要とされていない自分に生きる意味があるのか、という虚しさを根底に抱え持っていて、それが様々な生きにくさの形として噴出する。

たとえば、リストカット、レッグカット、ネックカットといった自傷行為や自傷行為としか思えないようなタトゥー、ピアシング。

これらはいざ就労しようとしたときに障害になる可能性がある。リストカット痕があるから半そでは着られない、ピアスがあるので接客の仕事は面接時で落とされる、など。現実にそうなるかどうかはわからないが、そうなるに違いないと思って、就労をしり込みする人もいた。

あるいは、寂しさを埋めようとして傍から見るとあまりにも安易に異性と関係してしまう。それは、女性を性的な相手としか見ない男性にとっては都合のいい存在であるし、そのような行為に向かってしまう背景を知らない（特に同年代の）同性の側から見ると理解に苦しむ行為で、男性とも女性とも、健全な友好関係を結びにくくなる。さらにはそれで妊娠すると、中絶するにしろ出産するにしろ、大きな負担を被るのは女性の側である。

たとえ親との関係がどうであろうとも、あなたは大切な存在である、というのはいくら言葉で説得されても納得できるものではなく、それを実感できる体験に裏打ちされなければ得心できるものではない。

就労してある程度の成果をあげ、周囲から認められることが自己評価につながる場合もある。だが、これまでに出会った利用者の多くは成功体験の経験があまりにも少なく、うまくいっていると居心地が悪くなってその状態をわざと自ら壊してしまうようなところがあった。うまくいけばいくほど、失敗した時のダメージが大きくなると想像して、自ら降りてしまうのである。そのために就労が長続きしにくい傾向があるし、半年、一年とひたすら頑張り続けたあげく、生きるに値しない自分がこんなに頑張ったって仕方ない、と唐突に立ち止まってしまう人もいる。

虐待の影響も甚大だ。

彼女たちが経験してきた虐待は、殴る、蹴る、暴言、面前DV、性暴力、搾取、ネグレクトと多岐にわたるが、それは四六時中、絶え間なく向けられているというわけでもない。スタッフに自分の受けた暴力の話を打ち明けながら、「それは辛かったね」と言われると、半ばむきになって、「でも、いつもいつもひどい親だったわけじゃないんだよ。優しかった時もたくさんある」と抗弁する人もいる。

虐待を含む暴力は、振るう側の恣意による。つまり振るわれる側は予測もできないし、備えもできない。そこで、今日は暴力の日なのか機嫌がいい日なのか、常に警戒を怠らずにいなければならない。神経が常時スタンバイ状態だ。

虐待やネグレクトが脳の発達に影響を与えることは知られていて、入居してくる方にも、特に診断は受けていないが、こだわりの強さや認知の偏りなど、自閉的傾向があるように思える人がいる。生得的なものか虐待による影響なのかはともかく、発達段階でその状態像に対して適切な療育援助を受けていないと、10代の半ばを過ぎてからいきなり療育手帳の取得や福祉就労を勧められてもまず受け入れられない。

精神状態に関しても、前述した自傷行為だけでなく、抑うつ状態や不眠が見られ、医療的援助が必要と思われても、自分が病気であると認めることは自分の非や弱さを認めることと思い込み、拒否的になる人が多い。中には、薬を飲まされてもうろうとしたところで性暴力を受けていたため、内服薬を一切受け付けないという入居者もいた。

虐待は本人の心身に影響を及ぼすだけでなく、社会的排除の要因にもなる。本人が、虐待されていることを恥として周囲との関係を最小限に抑えたり、親のほうが学校や行政の介入を恐れて転居を繰り返す、支援を拒否する、子どもを学校に行かせないという形で地縁が薄れ、子どもの多くが人間関係を形成していく場である学校とも遠ざけられる。

総じて、彼女たちの抱える様々な課題の根底にあるのは、「親」を失ってしまっていること、そして、「親」を心の安全基地として、時につまずきながら、少しずつ自分の世界を広げていくという子ども期特有の発達機会を奪われてしまったことであるように思われる。

4 自立援助ホームが提供する支援

松本も指摘するように、被害体験には回復の場を、生活基盤の崩壊には安定を、社会的排除に対しては包摂が必要だ▼10。

このうち自立援助ホームが提供できるのは、何よりもまず生活基盤の安定であろう。シーズ南平岸では、24時間365日スタッフが常駐している。通いとはいえスタッフが入居者と同じものを食べ、同じ屋根の下で寝起きする形をとって、つまり起居を共にして関係を作っていく。決まった時間には必ず約束通り食事が出てきて、出かける時には見送られ、帰宅すれば迎えられる。

利用者が興奮したり、怒りを発散させていても、職員が暴力や暴言でそれを抑え込むことはない。暴力に暴力で応酬する関係性を再現しないためだ。

利用者にとって予測ができてゆるぎない日常を提供し、暴力以外の方法で物事を解決しようとする大人もいると知ってもらうことを大切にしている。

もっとも、自立援助ホームが保障する生活基盤は最低限のものでしかない。食と、水光熱費を含む住は確保されるが、衣類をはじめ日用品、携帯代も交通費も医療費まで自分で賄うことを通して、自活していくことのイメージをもってもらおうという狙いがあるためだ。

ただ、自立援助ホーム入居者の多くは総じて学業到達度が低い。全国調査でも中卒と高校中退が合わせて55パーセント▼11。シーズ南平岸でも入居時、半数以上は高校を卒業していない。

中卒女子の正職員求人はほとんど皆無だし、中卒で取得できる資格も非常に限られる。そのため、多くの子がコンビニエンスストアや飲食店でほぼ最低賃金で働くことになる。

地域にもよるだろうが、わたしたちの試算では、札幌圏では月におよそ12万円あれば、最低限の生活は維持していける。住居費に3万円、水光熱費に５０００円（冬季は1万円）、国民健康保険に２０００円、携帯に1万円、食費に3万円、交通費に1万円、日用品が５０００円、化粧品に５０００円、残りは遊興費や医療費など不意の出費として考えている。ちなみに、札幌市の単身生保の生活扶助と住宅扶助の合計が12万円を少し切るくらいだ。一方、北海道の最低賃金は２０１９年の10月から８６１円で、この金額を得るには単純計算で月１４０時間近く働かなければならない。

一般にアルバイト・パート就労は調整弁に使われることも多く、思うようにシフトに入れなかったり、時間前に上がらされてしまったりすることもある。入居者のひとりはそうして帰らされるたび、「うちら、生活かかってんだからね。高校生のバイトじゃないんだから！」とよく憤慨していた。

だが、そのような働くモチベーションをもった子はまだいい。中学を卒業する際に、学校好きじゃないし、と高校に進まずに自立援助ホームに来る子たちが、仕事というものへの具体的な考えをもっているわけではない。かつてのクラスメートの大半が高校に進学し、家庭や学校への愚痴をこぼしながら「遊んで暮らして」いるのを目にすると（現代では、さして親しくない間柄でもSNSなどでそうした情報を入手できてしまう）、なぜ自分ばかりがあくせくしなければならないのか、という理不尽感でいっぱいになるのも無理はない。また、具体的な仕事像のない人ほど、ドラマで見るようなオフィスワークに憧れを抱くので、介護職や工場ラインなど、その気になれば手に入る職種になかなか目を向けられない。

とはいえ、「これ以上勉強したくない」「学校なんて好きじゃない」と言わざるを得ない背景にも、思いを馳せる必要はある。前述したように、どうしても施設を出て家に帰りたくて、頑なに進学を拒否したという人もいるし、あたかも自分から学校という場を見限ったかのようなポーズをとっていても、実は小学生の頃からずっといじめのターゲットになっていた、と話してくれた方もいる。引っ越しが多くてクラスになじめなかったと本人は言う。困窮する生活の中で、幼い頃から子どもたちも家事を担わざるを得ず、そうした生活容態がクラスメートたちの暮らしとずいぶんかけ離れているらしいことにも気づかされていって、クラスメートを自宅に呼ぶこともできず、ますます孤立していった。彼女にとって学校は、他者かららいかに目をつけられずに一日を終えられるかに全精力を注ぐ場所だったと思われる。

このように、高校に進学しないことは必ずしも本人の主体的選択の結果とは言えないのだが、普通教育修了時で学校から離れてしまうことは、その後の生活基盤の形成には大きく不利に働く。

わたしたちの感触としては、一旦高校へ進学したものの、そこが自分の居場所ではないと考えて辞めた場合と、まったく進学しなかった場合では、後者のほうが、職場でのつまずきを経験した際のあきらめが早いように思える。

児童養護施設や里親さんのもとでは、アルバイトをして貯めたお金や児童手当などは施設側が管理して貯蓄されている。そのため自立援助ホーム入居時に数十万円の貯金をもって入ってくる人もいる。入居当初は自立の元手にしたい、このお金を使って免許をとりたい、と言う人が多いが、依拠できる貯金があると思うとなかなか仕事に身が入らないのもまたひとつの現実である。

【2か月で70万円を使い切ったCさん】

Cさんは児童養護施設出身。入居時には児童手当を貯めた貯金が70万円あまりあり、「このお金で免許をとって、トラック運転手になりたい！」と夢を語っていた。

施設時代は年に数回「買い物の日」というのがあり、「マチ」（札幌市民は、札幌駅周辺の繁華街を「マチ」と呼ぶ）に出て、決められたお小遣いの範囲でその日だけ買い物ができたそうだが、自立援助ホームではそうした制約がなくなる。初めのうちは、どこか恐る恐るといった感じで、それまで我慢していた高級ブランドの数万円もする服やバッグを買ってみた。誰にも怒られない。店員さんからは愛想よくされて気分がいい。次第に浪費する快感を覚えてしまった。移動にタクシーを使う――ちなみにシーズ南平岸は最寄りの地下鉄駅まで徒歩5分未満、「マチ」へも地下鉄で10分以内という交通至便な場所にある――ほかの入居者に奢る、高価な化粧品を買ってくる。ファッションビルのブランド店の店員さんと仲良しになった、と3日と開けずに高価な服を買ってきていた。

仕事を見つけて働くことはシーズ南平岸との契約事項なので、その合間にもホテルのベッドメイクや飲食店などで働きはしたが、最初のバイトはほかのベテランパートさんに比べて仕事の効率が悪いことを本人が気にして2週間で辞めてしまい、次のバイト先になった飲食店も、スタッフや児童相談所の担当ワーカーに「食べに来てね！」と張り切っていたにもかかわらず、1か月しないうちに行けなくなっている。でも、まだ平気。まだ貯金があるから。

シーズのスタッフはもちろん浪費を止めたし、最初のうちこそ彼女も「残りが（きりのいい）50万になったらやめるから」「使いそうになったら止めてね」と言ってはいたものの、一度ついた流れに歯止めはきかなかった。気が付くと、ものの2カ月で貯金残高は3桁になっていた。わたしたちも愕然としたが、本人も衝撃だったと思われる。

ところが繁華街の駅に近接するファッションビル内の和食店の厨房に入って働き始めると、生活は一変した。

仕事中に飲む飲み物は自販機ではなく安いスーパーでまとめ買いする、化粧品は100均、と自ら工夫を凝らし、給料が出ると用途別にして封筒に分け、シーズに預けて毎日決まった分しか持ち歩かないというやりくりを身につけていく。

新しい業務を任されるようになると、それを自分への評価として自信につなげられる性格も幸いし、最初のうちは引かれなかった所得税がいつのまにか引かれるほどの時間数働けるようになっていた。給与が目減りすることには何これ！　と憤慨していたが、税金は、みんなが少しずつ出し合って社会を支えていくためのお金であることをスタッフに説明されると、「知らない人と支え合うなんてキモい」と言いつつも、税金を引かれるほどに稼げるようになったことはやはり誇らしかったようで、ほかの入居者に、「税金、引かれてる？」と訊いて回ったりしていた。そうやって1年半ののち、貯金が底をついた頃に滞納した分の利用料もきれいに完済して自立していった。

シーズのスタッフは、ことさらに何か手を出したわけではない。

スタッフたちは、食べることが好きな彼女のために丁寧に食事を作り、歌いたい時には一緒に歌い、怒りをぶつけられたら困った顔で受け止めてきた。喜怒哀楽のはっきりしている彼女の感情の起伏に付き合うのは、ただただ楽しかった。

彼女が偉かったのは、貯金が底をついたことを誰のせいにもしなかったところだ。

貯金などないほうがいいと言いたいわけではない。それを元手に上級学校へ進学した子もいるし、将来のため、と貯めておける人もいる。ただ、貯金がなくなったことを誰かのせいにしていたら、おそらく彼女はまだ混迷の中にいただろうと思うだけだ。

関係ができる中で入居者が語る過去・現在の経験をスタッフが受け止め、一緒に整理することができれば、被害回復の一助になることもあるかもしれない。

だが、被害体験をなかなか被害と受け止められないのも、彼女たちの一部に共通する。

ある人は泥酔状態で朝帰りし、財布なども紛失していた。先輩の紹介で知り合った人と飲んでいて意識を失い、気が付くと道路に放置されていたのだという。そしてあろうことか、その日もまた、同じ相手と飲みに行くという。どんなに止めても、悪い人ではないから、と聞かなかった。

また別の人は、憧れていた先輩に飲み会のさ中にトイレで関係を迫られた。彼女はその話を複数のスタッフに順繰りに話し、好きだったから応じたと言っていたが、そのたびにスタッフたちは、ほんとうに相手を大切に思っているならそういう状況ではやらないのではないか、あなたはもっと自分を大切にしていいと伝え続けた。彼女が、先輩はもしかしたらただやりたかっただけだったのかな、と自ら言うようになったのは数か月後だった。

被害の回復以前に、被害の認識が必要なのだが、被害体験を認めることは自分にとって辛いし、容易ではない。さらには、被害であることを認識したあとに、寄り添ってくれる人がいなければ認める勇気はなかなかもてない。

また、前述したように精神科や心療内科の受診には多くの場合本人の抵抗が大きく、そのうえ費用もかかるため、ホームにいる間に医療につながることには障壁も多い。

ホームに来て生活の安定を取り戻したのちに、被害の体験が生々しく思い出されて苦しむ人もいる。ホームは生活の場であり、しかもその生活は他人との共同だ。その中で、生活基盤の安定を目指しつつ、自らの被害体験と向き合うのは容易ならざることだ。

現在自立援助ホームは「働いて自立を目指す子」だけでなく、諸事情で「すぐには働くことの難しい子」の受け皿としての役割も求められるようになってきている。それが功を奏するためには、自立援助ホーム入居以前の段階でのトラウマ治療を制度化するなど、被害体験への手厚い配慮が必要なのではないだろうか。


一方、排除に対して包摂というとき、何もかもを自立援助ホームで抱え込もうとすると、かえって様々な関係性から本人を遠ざけてしまうことになりかねない。多年にわたって全国自立援助ホーム協議会の会長を務めた星の家（栃木県）ホーム長の星俊彦氏は、「自立援助ホームは……『帰ってくるところ』だ」と述べている▼12。家族とも、学校とも縁が切れて孤立した状態にある入居者には、ホームをよりどころとしながらも、再び学校に通って、あるいは職場で、新たな人間関係を構築していってほしいと願う。それが自立の足場となっていく。

それを教えてくれたのがDさんだ。彼女は中学卒業後進学をせず、児童養護施設から措置変更となって自立援助ホームに入居してきた。身近なロールモデルである姉が、中学卒業後精力的に働いて家計を支えていた姿を見ていたので、自分もわけなく生計を立てられると思っていたようだ。しかし現実はたちまち彼女を打ちのめす。まず、高校に通っていない15歳に就労の門戸は狭かった。いくつか面接を落ちてやっと見つけたバイト先のコンビニエンスストアでは、本人はそのつもりがなくても感情がすぐ顔に出てしまうため、再三注意されて腹を立ててやめてしまう。手持ちのお金が乏しくなってしぶしぶ見つけてきた介護施設は、人間関係がわずらわしくなって行かなくなってしまう……という具合に、一か月働いては二か月引きこもり、二か月働いては三か月引きこもるような生活を続けていた。

虐待環境にあって空想の世界に逃げ込むことで自分を保ってきたと思われるDさんは、想像力が豊かで、引きこもり期にはスタッフが心配になるほど空想の世界に入ってしまっていた。

だが、ホームでの生活が長くなり、同年代の入居者が入ってくると、自分の過去と相手の過去とを重ね合わせて語り合うことができるようになる。一方、かつての施設友だちから紹介された飲食店のアルバイトをするうちに徐々に交友関係が広がり、そこで知り合ったバイト仲間から誘われて、別の飲食店とアルバイトを掛け持ちするようになった。シーズ南平岸では18歳未満の帰宅時間を原則21時としているのだが、Dさんが自ら見つけてきた仕事先で少しでも就労を継続できるように、わたしたちも22時まで働くことを容認した。

働き始めて数か月の間は、職場で何かしら不満なこと、納得できないことがあると、Dさんはその夜の当直スタッフに延々と話を聞かせていたものだ。それがある日、帰ってくるなり電話を始め、職場チーフから言われた指示がいかに理不尽であるかを、電話の相手に滔々《とうとう》と訴えはじめたのだ。どうやら相手は職場の先輩で、Dさんは一方的に話すばかりでなく、相手の言うことに耳を傾け、「そうか、そう言われたら、そういって返せばいいんですね」などと相槌を打っている。シーズの中だけでなく、外に関係を築きつつある様子を目のあたりに見せてもらった。

あたかも、いつも自分の足元の、手が届く範囲でだけひとりで遊んでいた幼児が、目は届くけれども離れた場所で他の子と遊び始めたのを目の当たりにしたかのように、聞いていたわたしはえも言われぬ感動を味わっていた。

人には発達年代ごとに、最も効果的な学びの形があるのではないかと思う。思春期の女子たちと関わってきて、この年代の方たちには特に、ピアによる学びが必要だと感じてきた。

時間にルーズな子に口を酸っぱくして注意してもほとんど効果はないが、一度友人から手厳しく言われると途端に改心したり、束縛のひどい彼氏の態度をスタッフがやんわりと批判しても聞く耳をもたなかったのが、同年代の子にひとこと「DV彼氏じゃない?」と言われると、「ああいう束縛って、愛情じゃないよね」と言い出したり。

シーズをはじめとする自立援助ホームは同年代が複数暮らす場ではあるが、そのような集団からの学びを可能にするにはやや規模が小さい。そういう意味では、この年代には学校という場が提供してくれるものの意味は大きいだろう。また、学校は、クラスメートのみならず、先輩や後輩、先生方など、様々な方向性の人間関係を提供してくれる。

ただ、同年代に対してはむしろ緊張が強くなるタイプの方——Dさんもどちらかと言えばそのタイプだ——の場合は、学校のように不特定多数の同年代に囲まれる場よりは、職場という規模がちょうどよかったのかもしれない。

児童養護施設や里親といった社会的養護の資源は、原則として家族の再統合を目標にしている。だが、思春期になってやってくる自立援助ホームの場合、ここを出るのは自立の時で、再統合は必ずしも視野に入っていない。

自立とは何か、は自立支援を始めた時からの変わらぬテーマだが、ひとつには、何が自分にとってためになり、何がそうでないのか、自分なりに判断できる目安となる物差しを自分の中にもてることであろう。そのような物差しをもてるようになるには、長い間、小さくても多様な経験を積み重ねることが必要であろう。

とはいえ、何もかもを自分で判断できるわけもなく、そうする必要もない。だからこそ、この現場にいる人の多くが言うように「適度に人に頼れること」なのである。

家族と再統合がかなわず、頼れる先として原家族をあてにできない時、家族以外の人間関係をもてているかどうかは、生活の安定に大きく影響する。

シーズを出た方たちのうちでも、いま比較的安定した生活を送れている人は、すでに新たな家庭をもっている。そしてそのこと自体が安心感や自信につながって、わたしたちのところにも、気兼ねなく遊びにきてくれるようだ。

5　大人になることの困難——誰が社会の仕組みを伝えるのか

自立援助ホームに入ると、原則として住民票をホームに移し、単身世帯となる。就学しているなどの事情により生活保護を受ける場合を除けば、医療保険はほとんどが国民健康保険に加入する。

Eさんも国民健康保険に加入していたが、就労して勤務先で社会保険に入った。だが、国民健康保険は自動的には廃止されない。本人は当初それを知らずにいた。職場で指摘されてからも、平日の朝から夕方まで仕事が入っていた彼女には、なかなか区役所に行く機会が作れなかった。勤め始めたばかりで、有給休暇を取る権利もなかったのだ。最後には体調不良で仕事を休んだ日、病院に行くついでに区役所に出かけたが、「学校ではこういうこと、ひとつも教えてくれませんよね！」と怒っていた。

雇用されると、たとえアルバイトであっても、一定時間数以上、一定日数以上、一定期間以上働く場合は雇用保険や健康保険に加入できる。6か月以上勤続すれば有給休暇の権利も得る。20歳以上になると、年金に加入する。シーズの入居者たちも、保険や年金について漠然とした知識はあり、被扶養家族でもないのに、1年に100万円以上稼ぐと不利なんだよね、という情報を信じていたりする。

このような、労働者としての基本的な知識、社会人としての知識は、いつ、誰が、どのように伝えるものなのか。筆者自身、家庭でも学校でも教わった覚えはなく、ホームでの支援を始めた時には、自分のあまりの知識のなさに愕然としたものだ。

退居した方々からの相談で案外多いのが、こうした手続きに関わることである。たとえば保険料が未納になっている、という通知が届く。あるいは20歳を前にして年金加入の案内が届く。国民健康保険の保険料を決定するために、収入の申告をするようにという通知が届く。そういう役所からの手紙が大切なものであるのはわかるのでむやみに捨てたりはしないが、怖くて開封できない、読んでも意味がわからない、というので一緒に開けてほしい、読んでほしいという人がいる。また、収入が少なくて減免の申請を勧められるが、申請書の書き方がわからないというケースもある。たしかに公的な文書の書き方例は多くの事例に対応するために情報が盛り込まれすぎていて、利害関係のない者が読んでも不安になるほど解読が難しいことが少なくない。

自立援助ホームのスタッフもおおよその枠組みは知っていても、ひとつひとつの書類の書き方となると、自信をもって手伝えるというわけではない。ひとりでは心細いであろう手続きに同行することで、少しばかり不安を和らげられるくらいだろう。

一度教わったからといって使いこなせるようになるものではないが、中学を卒業するまでに、世の中の仕組みの概要に触れる機会があればいいと思う。

6　孤立を防ぐために――退居者の支援

自立援助ホームは退居したあとも必要な限り支援を続けることを要綱▼13に謳っている。ホームにいる間に自立の準備を完結しなければいけないとは、もとより考えてはいないからだ。退居後も途切れない支援は、社会の中で、退居者たちが孤立してしまわないための細い糸になる。

シーズ南平岸でも、退居した方からの求めがあれば支援をしている。といっても大仰なものではなく、一緒にご飯を食べたり、お化け屋敷を見に行ったりするようなこともあれば、栄養状態のあまりよくなさそうな人にご飯を食べに来てもらうこともある。遊びに来てくれた方には、寄贈された食材などを紙袋一杯お土産にもって帰ってもらう。赤ちゃんを見せにきてくれることもあり、シーズでよく作ってもらったポテトサラダのレシピを教えて、と頼まれることもある。

正直、これが何かの足しになっているのだろうかと迷うことも少なくないが、ある日入居中の利用者の子にこんなことを言われた。

以前いた施設で妹のようにかわいがっていた子が、施設がいやになって飛び出そうとしている。年の離れた姉がいるので、そこを頼るつもりらしい、でもうちはその子がシーズにきたらいいと思う、と言う。なぜかといえば施設をとびだしてしまったら、今後何かあったときに施設の先生には頼りづらい。自分はシーズがあるから、これから結婚したり子どもが生まれたりといった人生の節目に報告して一緒に喜んでくれる大人がいるけど、その子にはお姉さんのほかそういう大人がひとりもいなくなるのはかわいそうというのだった。

とりわけ驚いたのは、彼女自身が自分のことは自分できっちりやる人で、スタッフに相談をもち掛けるようなこともほとんどなく、退居したら自然に関係は消滅するのだろうかな、となんとなくスタッフたちから思われていたところがあったからだ。

もちろん、彼女たちが頼れる場所を自立援助ホームだけにしてはいけない。いつの間にかホームのスタッフではなく、自らつくり上げた関係性の中で自分の問題を解消しようとしているDさん――そこには、自立援助ホームの目指している自立に向かうひとつの姿がある。

シーズ南平岸の運営を社会福祉法人常徳会に委譲したあと、特定非営利活動法人CANでは、自立援助ホームの退居者を中心に、社会の中で頼れる人間関係のネットワークが希薄な若い方たちへの支援を活動の柱とする計画である。相談を受ける機関であれば、社会にはすでにいくつもある。しかしこれまでにシーズのOGたちから投げかけられてきた課題は、課題以前のものだった。ひとりでいる寂しさ、不安。彼女たちがもちかけてくるのは「相談」ではない。相談にまで熟成する前の漠然とした不安を受け止め、「ひとりぼっちだと思わなくていいよ」と発信しつづける場が、どうやら必要なのだ。高校や大学を修了し、安定した仕事に就いたように見えても、それで終わりではない。

自立援助ホームの日常の中では、スタッフが丁寧に話に耳を傾けることで、思いを相談という形に整理する一助になるだろう。人に頼ることを恐れなくていい。自立援助ホームでの生活を経る中で、それだけは感じ取って社会に出て行ってほしいと願う。

注

1 全国自立援助ホーム協議会編（2013）『自立援助ホームハンドブック――さぽおとガイド２０１３』。
2 長谷場夏雄著、青少年福祉センター編（2009）『かけがえのないあなたへ』。
3 厚生労働省「児童自立生活援助事業（自立援助ホーム）実施要綱」。
4 「全国自立援助ホーム人数調査」（2019）全国自立援助ホーム協議会実施。
5 注４に同じ。
6 注４に同じ。
7 松本伊智朗（2016）「全国自立援助ホーム協議会第23回茨城大会における分科会Bでの発表」（松本伊智朗（2012）も参照）。
8 「２０１５年度 全国自立援助ホーム実態調査報告書」（2016）、42頁。
9 「２００９年度 全国自立援助ホーム実態調査報告書」（2011）、54頁。
10 注７に同じ。
11 注８に同じ、46頁。
12 注１に同じ、43頁。
13 注３に同じ。

引用・参考文献

長谷場夏雄（2008）『かけがえのないあなたへ』青少年福祉センター
厚生労働省「児童自立生活援助事業（自立援助ホーム）実施要綱」
松本伊智朗（2012）「子どもの貧困と「重なり合う不利」――子ども虐待問題と自立援助ホームの調査結果を通して」『季刊 社会保障研究』Vol. 48 No. 1、74～84頁
全国自立援助ホーム協議会（2011）「２００９年度全国自立援助ホーム実態調査報告書」
全国自立援助ホーム協議会（2016）「２０１５年度全国自立援助ホーム実態調査報告書」
全国自立援助ホーム協議会（2019）「全国自立援助ホーム人数調査」
全国自立援助ホーム協議会編（2013）「自立援助ホームハンドブック――さぽおとガイド２０１３」

第III部
つながる・発言する・人生と社会をつくる

第9章

対談「主体としての若者」

…杉田真衣×谷口由希子

対談にあたって

谷口：第Ⅰ部、第Ⅱ部では、社会から排除されたり、周縁化され、自分の人生をつくる主体になりにくい状況に置かれた子どもや若者について考えてきました。第Ⅲ部では、主体的に社会とつながり、関わり合い、あるいは社会に対して異議申し立てをしている若者について考えていきたいと思います。とりわけ、どういう条件があれば、主体的に社会と関わることができるのかということや、その人たちを支える社会の基盤はどういうことなのか、目指される支援のあり方、その方向性をともに考えましょう。

1　「失われた世代」の一人として

杉田：私たち編者が学ばせていただいてきた若い方たちについて話しながら、考えていければと思います。よろしくお願いします。

私は1999年に大学を卒業した、「ロストジェネレーション」と呼ばれる世代です。学生時代、自分が数年先も生きているとはあまり想像できず、名づけるのが難しい苦しさがありました。1歳上の雨宮処凛さんがご自分のことを書かれた文章を読んだ時、その世代的な生きづらさを表現してくれたように感じました。大学院へと進学してゼミで勉強する中で、自分たちが置かれた状況、社会の構造がわかるようになっていきました。と同時に、そのゼミで2003年春に都立高校を卒業した若者たちを追うインタビュー調査をすることを通じて、大卒の私は高卒の若者の苦境を全くわかっていなかったと痛感させられました。つまり、1990年代後半以降に日本社会が構造的に大きく変わったことがわかるようになったのと、同じ若者の中でもはるかに不利な状況に置かれた若者の困難がわかっていないと気づくのとが、同時に起きたということです。その頃、アルバイト先で知り合った同い年の友人が、私の大学院の先輩などと一緒に首都圏青年ユニオンを立ち上げました。組合員になって団体交渉を経験しましたが、アルバイトで働く自分たちでもこんなことができるのかと驚いた記憶があります。

ゼミのグループでの調査が終わった後も高卒の女性たちを追って話を聞きましたが、30代になっても彼女たちの生活は不安定でした。その状況を『高卒女性の12年』という本にまとめまして、ご本人たちは「私なんかの話で本当にいいんですか？」「私みたいに有名でもない人の話を誰が読むんですか？」などと言いつつも喜んでくださって、少し安堵しました。私自身が若者の状況についてひどく無知だったことを恥じ、より恵まれた立場にある者の責任として、彼女たちの軌跡を記述させていただいたのですが、いろんな集まりに呼んでいただいて彼女たちの話をすると、「彼女たちは社会に対して怒ったりしないのですか？」とたずねられることがしばしばありました。社会をつくりかえていく主体となることを期待しての質問です。でも、上司に怒り改善を訴えるという行動に出た方もいるものの、首都圏青年ユニオンのような回路は見えなくて接続していきませんし、自分が悪いのだと思いがちですし、日々暮らしていくことそれ自体がたたかいでもあるので、そうした期待に私自身が距離を感じてしまうこともありました。

谷口：私も杉田さんと同じく「ロストジェネレーション」世代です。私の場合は、大学で学んでいくにつれて、「遺産相続者たち」（Bourdieu et J.-C. Passeron, 1964=1997）が階層を再生産していること、そしてその一方で貧しい家に生まれた子どもは大人になっても貧しい生活にあるという、貧困の再生産が、この日本社会においてかくも公然と行われていることを学んだ日の憤りを、今も忘れることができません。社会はこんなに不平等であるのだ…と。学び続けるごとに、社会の内実には構造的な不利や不平等があり、なおかつ貧困が貧困を生み出すという貧困の再生産があること、それが世代的に固定化している現実を目の当たりにするようになりました。大学院は教育社会学のゼミでしたが、ブルデューの『再生産』等を輪読し、構造的暴力はいつも社会の中において弱い立場に置かれている人、小さい人に真っ先に向かい、なおかつその構造が象徴化されながら再生産していく様相について、ゼミの仲間たちと学び、議論していました。

このような学びを続けていくうちに、貧困の再生産という状況をどのようにしたら断ち切ることができるのか、少しでも支援や介入に関わるようなことがしたい、と考えるようになりました。そこで社会福祉学を志し、児童養護施設でのフィールドワークを始めました。2005年頃から3年弱の間、同じ児童養護施設で子どもたちと生活をともにするエスノグラフィーの手法で調査を行い、施設を経験する彼ら彼女らの生活状況を『児童養護施設の子どもたちの生活過程——子どもたちはなぜ排除状態から脱け出すことができないか』としてまとめました。その後も継続的に関わらせていただいています。

当時関わっていた子どもたちの多くは、今、大人になっています。施設での生活を通して入所前に侵害されていた権利が回復し、生活を立て直していく人がいる一方で、施設入所中に生活が不安定であった子は、退所後はさらに厳しい生活状況になってしまうことも目の当たりにしてきました。子ども時代に福祉的な介入があり、多くの大人たちが関わった積み重ねが、施設退所後はほとんど途切れてしまいます。本書でも述べてきましたが、家族に依存できない子どもや若者は、より厳しい状況に追い込まれる社会です。

2　社会への異議申し立てを行う若者たち

杉田：本当に、そうですよね。私の話をさらにさせてもらってしまって恐縮ですが、その後、私が予想していなかったことが起きました。AEQUITAS（エキタス）▼1で活動する20代前半の方たちが『高卒女性の12年』に登場する方たちに共感を寄せ、彼女たちの一つひとつの行動の背景と意味を考えながら書いた記述の仕方を評価してくださったんです。最低賃金を1500円に上げよとデモをしながら訴える20代の若者と、「私なんか（本に書かれるに値しない）」と言う30代の若者が本を通じてつながったのがうれしかったです。といっても、AEQUITASの方たちは、スピーチで自分のことを話すだけでなく、まわりにいる若者たちについても語っているんですよね。たとえば岩井佑樹さんは、自分のことを名乗って「大学生やってます」と言った後、次のようにスピーチしています。

最低賃金上げろという言葉の裏に、私には様々な顔が思い浮かびます。私が高校生の頃に出会った定時制高校の子です。その子は昼間と高校が終わった後に夜勤をやっていて、それでも家賃と生活費と学費でバイト代が消え、大学に行きたくてもいけないと私に語ってくれました。最低賃金が高ければ彼はそれほど働かずに済んだかもしれないし、お金を貯めて、選べる選択肢が増えたかもしれない。

（岩井 2017：18-19）

杉田：SEALDs KANSAI（シールズ関西）の大澤茉実さんが安保法制の強行採決に反対して行ったスピーチでも、こんな語りがありました。

私、引きこもってて。でも、今は私を支えてくれる女の子たちがいて。でも、彼女たちは、彼女のうちの1人は、たとえば、家に帰っても、ご飯が出ないんです。それは、お母さんがどこかへ行ってしまって、お父さんも仕事に夢中で、冷蔵庫に何もなくって、調理器具もなくって、その子も料理の作り方知らんくって、いつもお菓子ばっかり食べてて、コンビニで売ってる最新のお菓子とかいつも教えてくれて。その子にこの間、首相の名前聞いたら「アベノタカシ」って言われました。これ、めっちゃ面白いけど、でも、私全然笑えなくって、そん時。だって、首相の名前も知らなくって、安保法案の「あ」の字も知らなくって、国会で今どんだけやばい会議がされてるかってことも知らんくって。その子がただ明日何食べていくかとか、親に愛されたいとか、そんなこと思っている間に、その子に一番関係する法案が、こんな無茶苦茶な形で通ってて。私はそれ聞いて、笑えなくって、涙が止まらなくって…。その子は、ここに来ることができません。だから、代わりじゃないけど、私は今日その子の分も声を上げたいです▼2。

谷口：声を上げることが困難な状況にある若者の代弁もしているということでしょうか。

杉田：AEQUITASの方たちも、SEALDsの方たちも、自分のことだけでなくまわりの若者たちが置かれた状況を伝えようとしています。大澤さんが「代わりじゃないけど」と断っていることには、「代弁者」となることへの慎重さがうかがえますが、それでも、毎日命をつなぐので精一杯で運動をする余裕などない友人知人のことも思い浮かべながら声を上げています。

注意しなければならないのは、若者が声を上げられないのは経済的余裕のなさからだけではないと意識されていることです。それは、AEQUITASの藤川里恵さんが次のように書いていることからうかがえます。

見ようとしなければ、見えない世界がある。わかろうとしなければ、わからないことがある。気づかないほうが幸せなのかもしれないけれど、みんなどこかでわかっている。どんな人でも当たり前に生きていいんじゃないか。みんなもう十分我慢していて、頑張っていて、限界なんだ。言葉が通じないくらいすれ違っていく自分や周りの友達を見て、思う。楽しい毎日？ 守りたい日常？ そんなものとっくにないんじゃないかって。むしろ、初めからなかったのかもしれないって。私たちには守りたい平和はない。今は、まるで戦場だ。空気を読まなくてはいけない、黙らなくてはいけない。そして、おかしいことをおかしいと思ってはいけないと、時には嘲笑で、時には怒りで、同調しろと私たちに迫ってくる。でも、私たちを黙らせようとする人たちもほんとはしんどいんだ。それぞれの人のその生き方の中にあるしんどさに、私たちエキタスは敏感であり続けたいと思う。（藤川 2017：9）

杉田：ここで言及されていることの一つは、同世代の若者の間にある、いわゆる同調圧力です。私が日頃接する大学生を見ていても、自分の身に起きたことや感じ考えていることを他の人に言うのは、相当難しくなっています。ただ、その同調圧力は、言いたいけれど受け入れられないのがこわいとか、相手に負担をかけたくないとか――かれらは「悩みを話すことで負担をかけたくない」とよく言います――といった話だけではない。「守りたい日常？　そんなものとっくにないんじゃないか」という藤川さんの言葉は印象的です。守りたい日常などないにもかかわらず、その日常に耐えるのももう限界だとわかっているにもかかわらず、それに代わるものが見えないという絶望で、だからこそ、この日常しかないという諦念の中で生きているということです。同調圧力の背景にこのことがあるとも意識しているからこそ、藤川さんは、スピーチでまずは自分の生活について語ることで、しんどさが共有される回路を開こうとしているのだと思います。藤川さんは「誰でも苦しいと声を出していいんだと思えるように、運動のハードルを下げたいです。私みたいな者でも、これが貧困だと街行く人に訴えることで変えていけると思います」とも話しています（AEQUITAS 2016：38）。

谷口：声を上げることは「しんどさが共有される回路を開く」ことでもあるのですね。

杉田：２０１８年には学生・院生たちが「学生アドボカシー・グループ　高等教育無償化プロジェクト」（通称：ＦＲＥＥ）を立ち上げましたね。「設立宣言」では「私たちは、かけがえのない人生を豊かにする学びを、経済的事情に左右されず、あらゆる人が権利として享受できる、未来ある社会を実現するために、すべての人への高等教育の無償化を目指します」と述べられています。活動方針には、実態調査を行って問題を可視化し、その結果をもとに政策提言を行うといったことが挙げられています。勤務している大学の学生に頼まれて、講義で質問紙調査を実施することに協力したのですが、２０１９年7月15日の時点での集計結果によると、「あなたは大学（専門学校）や学部を選択するにあたって、学費のことを判断の基準としましたか？」という質問に「非常にした」と答えた比率が25・9％（１７１２人）、「少しした」と答えた比率が33・3％（２２０４人）で、合わせて59・2％になります。さらに言いますと、私のいる首都大学東京（２０２０年4月より東京都立大学）は授業料が他大学に比べて安いのですが、「非常にした」

が47・4％（82人）、「少しした」が37・0％（64人）で、合わせて84・4％でした。講義で学生にたずねても、「他に行きたいところがあったけれども学費を考えて首都大に来た」という学生は多いです。にもかかわらず、学生たちは互いの生活状況を知りません。2018年に卒業したある学生が、アルバイト収入と奨学金だけで授業料と生活費を全てまかないながら一人暮らしをしていて、似た生活を送っている他の学生たちの話を聞いて卒業論文を書きました。その学生も、話を聞いた相手も、まわりの学生にほとんど自分の生活の状況を話していないので、インタビューが終わった後に「聞いてくれてありがとう」と言ってきた学生もいたそうです。FREEで活動する首都大の院生に話を聞いたら、首都大の他のメンバーの中には、実態調査への協力をまわりの学生に呼びかけることに躊躇があった学生がいたと言います。自分が所属しているサークルは楽しい空気なのにそういう調査をお願いして大丈夫なのか、「意識高い系」と思われないかと心配だったそうなのですが、調査をしてみて「みんな困っているんだ」と気づき、活動の必要さを実感できるようになっていったとのことでした。「意識高い系」という言葉には、いかに声を出しにくい社会なのかということを改めて感じさせられました。

谷口：本当にそうですよね。声を出すことが難しい社会の中で、声を上げることの意味はますます大きいと思います。

3　社会とつながる若者たち

谷口：「そだちとすだち」という、社会的養護の経験のある若者たちにインタビューをしているサイト[3]を運営している、川瀬信一さんがいます。川瀬さんは子ども時代に、里親家庭、児童自立支援施設、児童養護施設と社会的養護の経験がある方です。児童養護施設退所後に千葉大学、それから大学院にも進学されて、現在は教員として、ご自身が過ごした児童自立支援施設の中にある中学校で働いています。

川瀬さんは、様々な当事者活動や子どもアドボカシー活動に関わっておられるのですが、私は中でも「そだちとすだち」というインタビューサイトに学ばせていただいています。これまで川瀬さんは、社会的養護で育ったことのある人たちの声の発信をテーマに考えてこられたそうです。今、発信するという意味ではSNSの発達によって、発信しやすいような状況にあったり、あるいは施設の中で過ごしている子どもたちも、twitter等で、わりと自分の気持ちを発信しやすいような状態になっていると言います。そのメリットとして、当事者の現実を知ってもらうことで、誤解や臆測を払拭《ふっしょく》して、よりリアルな当事者像を発信することができるとおっしゃっています（川瀬 2019a：22-31）。

ただ、これは実際に当事者活動に関わる永野咲さんの第7章でも述べられていたことでもありますが、社会の側や大人たちが支えようとするあまりに、当事者の方たちはその期待に応えようとし過ぎてしまう面もあることもまた事実です。他にも、当事者が発した声が本人の意図とは違っていたり、誤解される形で広まってしまうことも想定されます。だからこそ、当事者の方が声を発した後も継続的に関わり、つながり続けることが大切だと考えます。ともすると時間の経過とともに声を発信すること自体が「傷つき体験」になってしまったり、あるいは、自己開示し過ぎてしまうこともあります。川瀬さんは、こうしたことを懸念されていらっしゃいます。

杉田：インタビューサイトに載せるにあたって、編集ができるので、当事者の方の現状がリアルに伝わると同時に、どこまでどのように伝えるか／伝えないかをコントロールできるということがありそうですね。当事者の方たちに負担がかからないような載せ方っていうんですか、そういう気配りみたいなものは、川瀬さんだからこそできるということがあるのかもしれないですね。

谷口：そうですよね。コンパクトに、なおかつダイレクトに編集可能な形で、当事者の背景を発信しています。もちろんそれは、自分自身に起因するものではなく、家族の困難であり、それらは社会の脆さが個人に負荷という形で表れてしまっている状況を伝えています。

杉田：インタビューサイトでの、何か描き方の特徴とかあるでしょうか。「大変だ」というだけではないとか。

谷口：社会的養護の経験のある方たちは、本当に様々な背景を持っています。「大変だ」ということを強調することについては、ある当事者の方から「不幸自慢ならいくらでもできる」という言葉を聞いたことがあります。そのうえで、話したいのはそういうことではなくて、「大変な」中で生きてきた自分自身のことを伝えたい、そして、家族に頼ることのできない人や社会的養護で生活している人がいるという事実に目を向けて、多様さを認め合う寛容な社会であってほしいという思いをお聞きしたことがあります。

そして当事者活動は、当事者参画という側面もあります。当事者の声を抜きにして政策や計画が立てられるシステムは、その時点で欠陥があると言わざるを得ません。ただ、特に社会的養護の領域について思うことは、「当事者の意見を聞く」ということは外すことのできない重要さを持っている一方で、であるからこそ「当事者による活動を！」と強調していくことは、ここは当事者だけが頑張らなきゃいけないの?!　という疑問が残ります。むしろ頑張るのは、大人や社会の側であり、当事者の方が当事者活動を行うことをサポートする体制を構築していくことだと思うのです。

川瀬さんもご指摘されていますが、当事者のことを話すときに、必ず代表性の問題が問われます。社会的養護の中でも、声を発することができる人たちは、比較的生活が安定していたり、発信力がある方たちが多いことも事実です。

川瀬さんが雑誌で、講演の後「自分がいた施設で働いているなら、子どもの気持ちがよくわかるでしょう。がんばってくださいね」と言われ、違和感を覚えたご経験を書いていました（川瀬2019b：48-51）。自分の発信が施設や里親家庭で育った人たちに対する固定的なイメージを与えてしまうかもしれない、他の人たちはどのような経験をし、それをどのように捉えているのか知りたいと思ったのだそうです。インタビューサイトは「当事者の多様な経験を知り、理解を深めたい。当事者の参加・参画を推進するために、当事者の率直な語りを広く発信したい」という思いで立ち上げたとも書かれています。サイトも複数の方が並んでいて、だから代表性の問題も回避できるというだけではなく、「色々な人がいるんだ」ということと同時に共通点もあるので一人の問題にはしない、という感じがします。

4　研究者の役割

谷口：社会的養護の領域だけではなく、私たちが今ここで話題にあげさせていただいている団体の方たちは、若者の全体が置かれている厳しさの中で、ご自分の形で声を上げている方たちなのだと思っています。その声や困難さというのは、その人たちだけの困難さではなくて、若者が置かれている困難さを伝えている。当事者であり代弁者であるっていうことなのかなって思いました。

杉田：それで言うと、第2章の橋口さんは、研究者として専門性を発揮されながら、自ら運動をなさっていますね。

谷口：今、新藤こずえさん（第4章執筆）、永野咲さん（第7章執筆）たちと社会的養護経験者の中でも声を発しにくい「最困難層」と呼ばれる方たちの調査を進めています▼4。社会的養護を措置解除後、施設等が連絡先や状況を把握することのできる人は、退所後10年以内で約5割、少ないと3割を切っています（永野・有村2014：28-40）。この研究では、連絡が取れなくなった人たちを調査対象としているので、まず把握することの困難から始まっています。今は施設の職員さんにインタビューを行っていますが、連絡が取れなくなった方の中には、ホームレス状態に置かれたり、病院で長期にわたり入院をしていたり、亡くなっている方もいます。当事者の代表性の問題を考えると、より厳しい立場の方たちの声をお聞きし、その状況を伝え、支援のあり方を一緒になって考えるのは研究に携わっている者の役割の一つだと思っています。
杉田：なるほど。私がこのところ身が引きしまる思いをしているのは、当事者団体で活動をなさってきた方たちとやりとりしていると、「私は、今は当事者ではないから実態を知っているとは言えない」とおっしゃり、その団体だからこそできる実態調査をなさっていても「数年前の調査の結果だから現状だとは言えない」とおっしゃることです。もちろん研究者にも自分がしている調査をそのように厳しく見ている方はいらっしゃると思いますが、当事者運動をしてこられたからこそ、簡単に「わかっている」と言ってはならないと、ご自分のことを厳しく戒めているのだろうと感じます。そのことに学びながら、谷口さんがおっしゃった「支援のあり方を一緒になって考える」という研究者の役割について、考え続けていきたいと思いました。
谷口：そうですね。一人ひとりの力は限られているかもしれませんが、同じ問題意識を持つ者同士で手をつなぎながら、声をあげ続けていきましょう！

注
1　２０１５年9月に、20～30代の若者が中心となって結成された。栗原耕平によれば、２０００年代からのユニオン運動や反貧困運動と、２０１１年の原発事故以降の路上の運動という二つの動きを「最低賃金を１５００円に」という主張によって結びつけてつくられた（栗原 2017：36-37）。
2　ＩＷＪ「【スピーチ全文掲載】『この法案が通って死ぬのは民主主義ではなく、現政権とその独裁政治です』SEALDs関西、大澤茉実さんが９・19安保法制成立直後の国会前でスピーチ 2015.9.21」https://iwj.co.jp/wj/open/archives/266039
大澤さんは別のところでも、経済的な制約から親に専門学校への進学をあきらめるよう言われた友人について書いている（大澤 2016）。

3　http://sodachitosudachi.com/

4　文部科学省科学研究費基盤研究（B）2018—2021年度「児童養護施設等で育った若者の健康リスクおよび家族形成に関する研究」研究代表者長瀬正子（佛教大学）、研究分担者伊部恭子（佛教大学）、新藤こずえ、谷口由希子、永野咲、松本伊智朗。

引用・参考文献

AEQUITAS〔原田仁希・藤井久実子・藤川里恵〕(2016)「何を求めて声を上げているか」『経済』2016年10月号

Bourdieu, Pierre, Passeron, Jean-claude (1964) *LES HERITIERS*, Editions de Minuit.（石井洋二郎監訳 (1997)『遺産相続者たち――学校と文化』藤原書店）

Bourdieu, Pierre, Passeron, Jean-claude (1970) *LA REPRODUCTION*, Editions de Minuit.（宮島喬訳 (1991)『再生産』藤原書店）

藤川里恵 (2017)「まえがき」エキタス＋今野晴貴・雨宮処凛『エキタス――生活苦しいヤツ声あげろ』かもがわ出版

岩井佑樹 (2017)「『最低賃金上げろ』の裏に浮かぶ様々な顔」エキタス＋今野晴貴・雨宮処凛『エキタス――生活苦しいヤツ声あげろ』かもがわ出版

川瀬信一 (2019a)「『新たな当事者』の登場とこれからの当事者参画」『子どもの虐待とネグレクト』21巻1号

川瀬信一 (2019b)「子ども・若者の『声』が尊重される社会に」『月刊ヒューマンライツ』2019年7月号

栗原耕平 (2017)「エキタスの誕生とその後の取り組みから」エキタス＋今野晴貴・雨宮処凛『エキタス――生活苦しいヤツ声あげろ』かもがわ出版

永野咲・有村大士 (2014)「社会的養護措置解除後の生活実態とデプリベーション――二次分析による仮設生成と一時データからの示唆」『社会福祉学』第54巻第4号

大澤茉実 (2016)「18歳のあなたへ」岩波新書編集部編『18歳からの民主主義』岩波書店

おわりに

本書が第4巻として位置づくシリーズ「子どもの貧困」は、第1巻で生活の基盤としての社会のありようと家族の現状を明らかにし、第2巻で「遊び」をキーワードとして子どもの育ちに迫り、第3巻で現代日本の教育に切り込み、第5巻では社会保障、ソーシャルワークと国・自治体による「子どもの貧困」対策を取り上げている。こうしたシリーズ全体の構成の中で、第4巻は「大人になる」ということ、若者と言われる時期に焦点をあてるべく本づくりを開始したが、その道のりは想定していたよりも難しいものとなった。〈学校から社会へ〉の移行をめぐる研究が蓄積されてきたが、それは当然ながら、学校と社会の両方を対象とする。「育つ」という言葉を用いてみれば、一方で若者がどのように育ってきているのかを扱い、他方で若者がいかにして自立し、次世代を育てる主体となっていくのか（ここで言う「次世代を育てる」とは、単に自分の子どもを育てるということのみを意味するのではなく、子どもが安心して暮らせる社会を形成することを指す）、そこにどのような難しさがあるのかを扱うことになる。そのため本シリーズの他のどの巻とも密接に結びついており、そうした中でこの第4巻をどう構成するかを考えるのは容易ではなかった。

若者が置かれた状況を全体的に描くことを試みた第I部では、他巻との関係のみならず、同じ巻の中でも、互いの章をどう位置づけあって論じるかという点において難しさがあった。学校、労働、家族の三つの領域は切っても切り離せない関係にあり、そのどこから焦点をあてたとしても他の領域に言及することになる。結果として、扱う内容に重複が生じているところもあるが、そのこと自体が日本社会の現状を示していると考える。

編者の谷口の専門分野は社会福祉学であり、児童養護施設で育った子どもの生活のありようを描出してきた。もう一人の編者である杉田は教育学を専門とし、生活に困窮した家庭で育った若者の学卒後の労働や生活を追ってきた。この二人で議論を重ねたことが、第Ⅱ部の構成に表れている。たとえば、生活保護世帯で育った若者の高等教育機関への進学を取り上げた章（第6章）と、社会的養護のもとで育った若者の自立や主体形成を扱った章（第7章と第8章）とが、「大人になること」を同一のテーマとして並んでいるのは珍しいことである。教育と社会福祉という二つの領域にまたがって生じている不登校・ひきこもりに、貧困と社会参加という視点から光をあてた章（第5章）、そして、虐待の背景に子どもの障害、保護者の障害・精神疾患や貧困があることを指摘し、児童養護施設・児童自立支援施設や矯正施設で育った障害のある若者の自立について論じた章（第4章）があるのも、なかなかないことだ。

第Ⅲ部は、編者による対談となっている（第9章）。二人は、研究や運動の場では比較的「若い」とみなされる世代に属している。だからこそ、自分たちよりも若い世代の話を聞きたいという願いと、「若い人」に語らせることで希望を見出そうとする、とりわけ運動の場において見られる傾向への抵抗感とがあり、その間で揺れてきた。こうした揺れがそのまま出ているのが第Ⅲ部である。若者の社会形成を取り上げる第Ⅲ部を最終的に編者の対談としたのが、はたしてよかったのか。読者の批判を待ちたい。

本書全体を通じて、子どもがどのような条件で育ち、いかにして社会を形成する主体となっていくのかについて論じたが、第2章で橋口が指摘するように、「大人」という枠組みは曖昧になっており、「大人になること」を論じる難しさは厳然としてある。そうした中で、「大人になるとはどういうことか」という問いを立てながら貧困問題について論じるのは思いのほか難しく、執筆者の方々にも苦労をおかけすることとなった。本巻が形になるまで見守り続けてくださった明石書店の深澤孝之さんに、心よりお礼申し上げる。

貧困とのむすびつきが強いと指摘される依存症の若者、差別によって学校、家庭や職場にいられなくなり、生活に困窮することのあるセクシュアルマイノリティの若者など、扱えなかったテーマ・対象がいくつも残されている。本書を一つの起点として、「大人になること」をめぐる議論をさらに深めさせていただけたら幸いである。

杉田真衣

2020年2月

（2014年）など。

屋代通子（やしろ・みちこ）【第８章】
自立援助ホームシーズ南平岸ホーム長。2004年より、子ども自立支援グループCANの一員として、家族の支援の得られにくい子ども・若者の相談支援・生活支援に携わり、2009年、グループのNPO法人化とともに理事・事務局長。2013年より現職。英米文芸翻訳家。主な訳書に『子ども保護のためのワーキングトゥギャザー』（共訳、イギリス保健省他、医学書院、2002年）、『ピダハン――「言語本能」を超える文化と世界観』（ダニエル・L・エヴェレット、みすず書房、2012年）、『木々は歌う――植物・微生物・人の関係性で解く森の生態学』（D・G・ハスケル、築地書館、2019年）など。

◉**執筆者略歴**（執筆順、【　】は担当）

橋口昌治（はしぐち・しょうじ）【第２章】
エキタス京都メンバー。ユニオンぼちぼち組合員。立命館大学生存学研究所客員研究員。専門は労働社会学。主な著作に『税を直す』（共著、青土社、2009年）、『若者の労働運動――「働かせろ」と「働かないぞ」の社会学』（生活書院、2011年）、「自己責任論と個人加盟ユニオン――「若者の労働運動」の事例から」『個人加盟ユニオンと労働NPO――排除された労働者の権利擁護』（遠藤公嗣編、ミネルヴァ書房、2012年）、『新版〈働く〉ときの完全装備――15歳から学ぶ労働者の権利』（共著、解放出版社、2016年）など。

新藤こずえ（しんどう・こずえ）【第４章】
上智大学総合人間科学部准教授。専門は児童福祉、障害者福祉。主な著作に『知的障害者と自立――青年期・成人期におけるライフコースのために』（生活書院、2013年）、「障害のある若者と貧困――ライフコースの視点から」原伸子・岩田美香・宮島喬編『現代社会と子どもの貧困――福祉・労働の視点から』（大月書店、2015年）、「現代アイヌのエスニック・アイデンティティ」小内透編『現代アイヌの生活と地域住民』（東信堂、2018年）など。

川北　稔（かわきた・みのる）【第５章】
愛知教育大学大学院教育実践研究科准教授。専門は社会学（児童生徒の不登校や若者・中高年のひきこもりなどの社会的孤立に関する支援）。主な著作に『8050問題の深層――「限界家族」をどう救うか』（NHK出版、2019年）、『ライフスタイルからみたキャリア・デザイン』（共著、ミネルヴァ書房、2014年）、「ひきこもり状態にある人の高年齢化と『8050問題』」『愛知教育大学研究報告人文・社会科学編』68号（2019年）など。

林　明子（はやし・あきこ）【第６章】
大妻女子大学家政学部講師。専門は教育社会学、児童福祉。主な著書に『生活保護世帯の子どものライフストーリー――貧困の世代的再生産』（勁草書房、2016年）、「生活保護世帯に育つ子どもの中卒後の移行経験に関する研究」『教育社会学研究』第95集（2014年）、「生活保護世帯の子どもの生活と進路選択――ライフストーリーに着目して」『教育学研究』第79巻第1号（2012年）など。

永野　咲（ながの・さき）【第７章】
武蔵野大学人間科学部講師。専門は児童福祉。NPO法人International Foster Care Alliance副理事長。主な著書に『社会的養護のもとで育つ若者のライフチャンス――選択肢とつながりの保障、「生の不安定さ」からの解放を求めて』（明石書店、2017年）、「社会的養護措置解除後の生活実態とデプリベーション――二次分析による仮説生成と一次データからの示唆」『社会福祉学』54巻4号

◉編著者紹介（【　】は担当）

杉田真衣（すぎた・まい）【第1章、第9章、おわりに】

東京都立大学人文社会学部准教授。専門は教育学。主な著作に『高卒女性の12年――不安定な労働、ゆるやかなつながり』（大月書店、2015年）、『「子どもの貧困」を問いなおす――家族・ジェンダーの視点から』（共著、法律文化社、2017年）、『二十一世紀の若者論――あいまいな不安を生きる』（世界思想社、2017年）、『境界線上の法／主体――屈託のある正義へ』（共著、ナカニシヤ出版、2018年）など。

谷口由希子（たにぐち・ゆきこ）【はじめに、第3章、第9章】

名古屋市立大学大学院人間文化研究科准教授。専門は社会福祉学、児童福祉論。主な著作に『児童養護施設の子どもたちの生活過程――子どもたちはなぜ排除状態から脱け出せないのか』（明石書店、2011年）、『なごや子ども貧困白書』（共著、風媒社、2016年）、「社会的養護当事者の『声』――施設等退所後に困難な状況にある当事者たちに焦点をあてて」『子どもの虐待とネグレクト』第21号第4巻（共著、2019年）など。

◉編集代表紹介

松本伊智朗（まつもと・いちろう）

北海道大学大学院教育学研究院教授。専門は教育福祉論、社会福祉論。雑誌『貧困研究』（貧困研究会、明石書店）編集長。主な著作に『子どもの貧困――子ども時代のしあわせ平等のために』（共編著、明石書店、2008年）、『貧困とはなにか――概念・言説・ポリティクス』（ルース・リスター著、監訳、明石書店、2011年）、『「子どもの貧困」を問いなおす――家族・ジェンダーの視点から』（法律文化社、2017年）など。

シリーズ 子どもの貧困 4

大人になる・社会をつくる
——若者の貧困と学校・労働・家族

2020年4月1日　初版第1刷発行

編集代表　松本伊智朗
編著者　杉田真衣
　　　　谷口由希子
発行者　大江道雅
発行所　株式会社　明石書店
〒101-0021　東京都千代田区外神田6-9-5
電話　03（5818）1171
FAX　03（5818）1174
振替　00100-7-24505
http://www.akashi.co.jp

装丁　清水肇（プリグラフィックス）
装画　後藤美月
印刷・製本　モリモト印刷株式会社

（定価はカバーに表示してあります）　ISBN978-4-7503-4807-0

子どもの貧困対策と教育支援　より良い政策・連携・協働のために
末冨芳編著　◎2600円

子どもの貧困と教育機会の不平等　就学援助・学校給食・母子家庭をめぐって
鳫咲子著　◎1800円

子どもの貧困と教育の無償化　学校現場の実態と財源問題
中村文夫著　◎2700円

子どもの貧困と公教育　義務教育無償化・教育機会の平等に向けて
中村文夫著　◎2800円

社会的困難を生きる若者と学習支援　リテラシーを育む基礎教育の保障に向けて
岩槻知也編著　◎2800円

子ども虐待と家族　「重なり合う不利」と社会的支援
松本伊智朗編著　◎2200円

子どもの貧困白書
子どもの貧困白書編集委員会編　◎2800円

外国人の子ども白書　権利・貧困・教育・文化・国籍と共生の視点から
荒牧重人、榎井縁、江原裕美、小島祥美、志水宏吉、南野奈津子、宮島喬、山野良一編　◎2500円

子ども食堂をつくろう！　人がつながる地域の居場所づくり
NPO法人豊島子どもWAKUWAKUネットワーク編著　◎1400円

児童館の歴史と未来　児童館の実践概念に関する研究
西郷泰之著　◎3200円

子ども虐待とスクールソーシャルワーク　チーム学校を基盤とする「育む環境」の創造
西野緑著　◎3500円

新版　学校現場で役立つ子ども虐待対応の手引き　子どもと親への対応から専門機関との連携まで
玉井邦夫著　◎2400円

メンタルヘルス不調のある親への育児支援　保健福祉専門職の支援技術と当事者・家族の語りに学ぶ
蔭山正子著　◎2500円

二極化する若者と自立支援　「若者問題」への接近
宮本みち子、小杉礼子編著　◎1800円

入門　貧困論　ささえあう／たすけあう社会をつくるために
金子充著　◎2500円

貧困研究　日本初の貧困研究専門誌　【年2回刊】
『貧困研究』編集委員会編集　◎1800円

〈価格は本体価格です〉